法律职业通用案例教材

总主编　王　轶

绿色原则规范解释
实案释法

主　编／竺　效

副主编／吴　昂

中国人民大学出版社

·北京·

编 委 会

法学教育必须重申理论与实践相结合

（代总序）

法学知识从哪里来，是中国法学教育必须要回答的核心问题。如果法学知识仅仅是从书本到书本的知识、从理论到理论的知识、从逻辑到逻辑的知识；如果法学知识回应的仅仅是书本设定的问题、理论演绎的问题、逻辑推导的问题，我们的法学教育就会是无源之水，无本之木。只有立足于中国实际，尊重国人传统，回应大多数中国人分享的取向、前见和偏好，并有效借鉴域外有益经验，由此获得的法学知识才能让我们的法学教育找到自己的根基、明确自己的方向。因此，必须重申法学是应用学科，法学知识应源于实践、服务实践、接受实践检验，并在实践中不断丰富和发展，法学教育必须注重理论与实践相结合。

实际上，注重理论与实践相结合也是全球法学教育的普遍经验。德国作为典型的大陆法系国家，发展出了以解释现行法为核心，为法律实践服务的法律评注文化。法律评注通过引用案例与学说解释、发展法律，成为法律人成长必不可少的学习资料，从而深深“嵌入”德国法学教育之中。美国作为典型的英美法系国家，则发展出了法律诊所教育这种独特的法学教育方式。美国法学院通常会邀请律师等实务界人士担任专职诊所教师，为学生开设专门的诊所课程，通过指导学生处理实际案例，来提高学生理论与实践相结合的能力，为学生未来从事法律实务工作做好准备。

从我国目前的法学教育实践来看，促进理论与实践进一步密切结合，也是法学教育改革的总体方向。作为中华人民共和国成立后建立的第一所正规高等法学教育机构，中国人民大学法学院自成立之日起就承担着为国家培养和输送高层次法学法律人才的神圣使命，为共和国法治的创建与发展和法学教育体系的建立与完善进行了不懈的探索。2018年春季，为了进一步推进法学教育理论与实践相结合，适应新时代法治人才队伍建设的需要，在总结既有教学经验的基础上，中国人民大学法学院启动了“法律职业通用案例教材”教改项目，尝试以教材建设为突破口，推动法学教育改革，以求满足法科学生以及法律实务工作者的学习和工作需求。

“法律职业通用案例教材”拟覆盖法学二级学科，同时兼顾部分跨学科的法学新领域。教材通过“知识点解读”——“典型案例（事例）”——“案例（事例）点评”，力图使读者加深对理论知识的理解，提高读者在法律实践活动中运用知识的能力，从而实现推动法学教育理论与实践相结合的初衷。此套教材既适合法科学生研读以提高解决法律实务问题的能力、通过法律职业资格考试的能力，也能够满足执法、司法等法律实务部门工作人员的学习和培训需求。

这套教材的各单册主编以中国人民大学法学院各学科的优秀青年学者为主，在编写上力图做到知识全面、准确，案例（事例）典型、新颖，案例（事例）点评深刻、精练。但囿于时间以及其他各方面条件，错误和疏漏之处在所难免，尚祈法学法律界同人批评指正。

中国人民大学副校长兼法学院党委书记、院长　王　轶

2021年7月修订

“环境法实案释法系列”自序

当前我国国家统一法律职业资格考试（原国家司法考试）、法学本科教育、法律硕士教育都已经或正在进行较大的改革、调整。为了能带领学生参与环境法律实践，本人自2009年开始成为兼职律师，并着手筹备和建立中国人民大学环境法律诊所，至今持续探索案例教学等实践教学的方法。我们的环境法律诊所经历了从刚开始只招收法学专业本科生，到单独开班招收法律硕士生，再到根据当期教学案例的理论和学科背景需求让本科生与法律硕士生同堂学习的发展过程；我也曾尝试招收法学、环境管理、环境经济学、环境科学与工程、统计学、新闻学等不同专业的学生，探索环境法律诊所的跨学科发展，以适应环境法治对跨学科知识和技能的实践需要。法科学生应学会与相关学科合作，以有效应对环境法实践的复合性要求。对于这一点，我感受颇深。2018年我参与办理了一个疑难的环境行政诉讼案件，在眼看“山穷水尽”之时，一份环境监测报告的证据效力竟然成为整个案件成败的关键。设想，如果不通过在校期间科学、有组织地培养跨学科合作意识，培育“半个环境科学家”的眼光，培训、调动技术专家参与和支撑环境法治实践，我们培养的法科学生将来哪能成为训练有素的环境法实践能手和专家？

说到环境法学研究，硕士生、博士生，甚至年轻的环境法学教师，如果不能对我国生态、环境、资源、能源领域的行政执法和相关司法实践有绝对准确、相对全面、比较深入的了解，何以找到环境法实践中的真问题？又何以进而提炼值得研究的环境法学课题？如果环境法作为一门实践性很强的法学二级学科，脱离了前述两个环境法学研究规律所决定的必要环节，我们何以开展有效、科学的环境法学研究？可能到时只能无奈地开展跟风研究、命题研究。

有感于法学实践教学的重要性，以及我国环境法学实践教学的迫切需求，为了适应法学实践教学的能力要求与法律职业资格考试的案例分析能力要求越来越趋同的法律职业培养、考核改革的趋势和特点，我从 2015 年开始，就利用短暂的科研压力“喘息期”（或称“自我放纵期”）把这几年积累的案例实证教学的素材和经验进行梳理，以期为我国环境法治人才的培养和环境法学人才的吸引、中远期储备作一些微不足道的贡献。后来，根据法律诊所教学、法律硕士教学、法律职业资格考试的需要编写一套通用的案例教材的念头，逐渐在我的脑海中萌生和发芽。我设想的这套案例教材，应以行政执法、司法实务中的真实案例为基础，以案例及其争议点为实践教学知识点选取的主要依据，以知识点的内在逻辑和学理体系为纲，以真实的执法、司法案例解释法条，为学生解读法律实践中的知识重点、难点，从而填补本科生和研究生法律诊所教学教材的空白，提高学生和其他使用者的法律实务案例分析解决能力和法律职业资格考试应试能力。当然，除此之外，我设想，这套案例教材也可以在一定程度上兼顾执法、司法等法律实务部门相关工作人员的学习和职业培训需求。

经与中国人民大学法学院、中国人民大学出版社相关领导和专家多次商讨论证，中国人民大学法学院决定编写“法律职业通用案例教材”。我们认为，这套案例教材应以具有实践性的法学二级学科为主，每个实践性较强的二级法学学科中无须为了理论体系而面面俱到，而应根据实际情况，以在实践中频率高、难度高、意义大为选题中心和标准，将二级学科再按照领域细分。以前述思想为指导，受本丛书编委会和总主编的委托，我牵头组织和探索编写本丛书的第一个子系列——环境与资源保护法学案例教材。根据我的设想，该子系列将包括“环境公益诉讼”“环境刑事”“环境侵权”“环境行政执法”“环境行政复议与诉讼”“环境保护公众参与”。我提议以“实案释法”为该子系列的统一书名关键词，该提议得到了中国人民大学出版社的认可。

基于案例教学的基本思路和方法，本系列各册将以章为基础架构，在章（或节）下以具体的知识点为最小编写"单元"，每个知识点下均设【知识点解读】【典型案例（事例）】【案例（事例）点评】三部分。

【知识点解读】主要阐述相关制度中的具体知识点，包括所涉及的环境与资源保护法理论知识和现行法律或者司法解释、政策文件等规定。个别知识点包括相关内容的历史或者域外经验、理论争议或者实务运用争议。对于部分存在一定争议的知识点，编写者尽可能进行学理上的分析，并尽量采用理论或实务界的通说或一般观点，为读者提供清晰的指引。

【典型案例（事例）】主要通过介绍知识点所涉及的相关司法实务案例或事例，展现知识点在司法实务中的运用。本部分所选案例或事例主要来自北大法宝、威科先行、中国裁判文书网等案例库，最高人民法院、最高人民检察院公布的典型案例，部分环境执法机关或社会组织提供的相关案例以及新闻报道，均为真实案例、疑难案例，编写者努力追求准确、清晰、全面地诠释和展现其所对应的知识点中的法理和法律问题。本部分侧重于解读知识点，不同知识点项下列举的典型案例或者典型事例数量不等，以能准确阐述知识点为目的。为了方便本系列中典型案例的查找，各册对援用的典型案例进行了统一编号，编号格式为"类型代码/年份/案例编号"，例如：类型代码"XF"表示该案例属于《环境刑事实案释法》这一单册所涉及的案例；"年份"是指该案例所出自的判决文书等相关文档原初发布的年份，若为从新闻报道中整理的案例，则年份为原告起诉或者法院立案的年份；而"案例编号"则是指该案例在各单册图书所有案例中先后出现的顺序。每个案例在各单册中均只有一个唯一的编号。

【案例（事例）点评】主要对案例（事例）中的知识点进行再次释明，与知识点前后呼应，强调和重申重点理论、环境法律知识，并对正确适用的情况进行阐述、对错误适用的情况进行澄清，尝试探讨通过法律解释学和法理的运用尽可能解决法律冲突、法律漏洞问题。希望通过这一环节能加深读者对知识点的理解，提高读者对知识点的灵活运用能力。基于司法实践情况的多样性，本部分视情况分别采用"一案一评"或者"多案一评"两种方式。"一案一评"是指某一案件的相关内容可以说明某一知识点，故在该典型案例（事例）之后直接进行点评。"多案一评"是指某几个案例的相同内容或者相似内容可以说明或者可以对比说明某一知识点，或者某一统一规定的规范在实践中遇到了不同的理解而导致适用不统一，故在几个典型案例之后统一进行点评。

诚然，“实案释法”系列，其立意与特点决定了本系列中各册的章节安排和各章节知识点的选取必须以实际案例已经发生或已经呈现为决定因素，如果没有真实的案例，囿于“巧妇难为无米之炊”的困境，编写者只能无奈地向读者和各位同行事先表示歉意，并盼日后根据实践的发展以为补充。不过，若诸君有更合适的、更新颖的、能补充和扩展本系列中各册所涉知识点的案例，我们也欢迎提供案例信息或案例研究文本，对此先予以志同道合之谢意！

此外，本系列在文前部分附有“本书常用法律、法规、司法解释及规范性文件名称简称表”，对各册中所涉及的法律、司法解释、政策文件、标准、复函依颁布时间先后分别进行了排序。正文中出现的法律或文件第一次用全称，并在第一次出现时标明后续再用的简称，之后视表述明确和方便读者的需要原则上选择使用简称，特殊情况下仍使用全称。无特殊情况，本系列各册的附录 1 为往年国家司法考试环境真题汇总表。编写者对往年国家司法考试真题进行解析，列明真题的考试年份、考题编号、题目、参考答案、考查法条以及涉及的知识点，以方便读者对应真题学习相关知识点。但受制于已有真题所涉部分单册的知识点较少，部分单册的表格内容非常“单薄”。附录 2 则是本系列各册所选用的典型案例的信息索引表，以方便读者查找相关案例的原始信息。本系列目前以该种附录的方式罗列所涉及的案例文档及其在各册中的编号、页码，未来待本系列丛书体系基本完整且初具规模后，再考虑专门统一编辑和提供所涉全部案例文档的全文。

中国人民大学教授、博士研究生导师　竺　效
2018 年 6 月 18 日子夜于中国人民大学初稿
2021 年 6 月 26 日修订

编写说明

截至目前，这套教材已经出版了《环境公益诉讼实案释法》《环境刑事实案释法》《环境侵权实案释法》三册，《环境行政执法实案释法》和《环境保护公众参与实案释法》的书稿也已提交出版社，《环境行政复议与诉讼实案释法》正在编写中。这六册相对较完整地覆盖了环境法司法实践的重点领域。

2017 年《民法总则》颁布，同年开始实施。令环境法学界欢欣鼓舞的是，该法第 9 条规定了“绿色原则”。但我认为，其重要意义不应止于此：一条新规范进入民法体系内需要考察其适配性，这对结合民法的跨学科的环境司法、环境法教学研究都提出了挑战。绿色原则的适用或多或少会对传统民事权利的行使产生一些影响。作为一名环境法教学一线的教师，我不能对这种重大“变革”视而不见，而应该抓住这次机会，通过生动且丰富的案例样本研究开展环境法案例教学。2021 年 8 月，《中国法学》刊发了我独著的以 1 397 个真实裁判文书为研究基础的论文《论绿色原则的规范解释司法适用》。在研究、撰写论文的一年多时间里，有几个问题一直困扰着我：为何关于绿色原则的司法裁判文书的实践现状是这样令人意外？结合自己在法学院接受教育和在法学院教书育人的方式方法，我们的法学教育该如何培养法科生辨析法律关系、识别法律规范、解释法律规范、进行法律推理的基本技能？基于“环境法实案释法”系列教材的上述编辑经验，一个大胆的想法逐步在我心中成型：我能否另外组织编写一本《绿色原则规范解释实案释法》，以发展该套案例丛书，即从“6 大环境法实践领域”发展为“6 大环境法实践领域＋X 个环境法实践新的重大议题”？我把我的想法与我指导的博士后吴昂、已毕业的梁晓敏博士、硕士研究生康杨洁羽等进行了交流，得到他们的认同和鼓励，也由此正式启动了本书的编写工作。

目前呈现在您面前的这本《绿色原则规范解释实案释法》，是我及我的团队最新的教学研究成果。本书内容主要包括四个部分：第一章为“概述”，主要介绍了绿色原则的立法进程、基本功能，以及我所提出的绿色原则司法适用的主要路径；第二章为“绿色原则规范解释司法适用的主要步骤”，主要介绍了我所提出的绿色原则规范解释适用的四个核心步骤，包括民事规范识别、冲突价值权衡、解释方法探求、比例原则考量等；第三章为“绿色原则规范解释司法适用的基本要求”，主要介绍了在具体个案中，法官依上述四个步骤发现确需引用绿色原则以为裁判依据后，在裁判说理及文书制作过程中应至少满足的三点要求，包括利益平衡、充分说理、规范双引；最后的部分为附录，主要为全书用到的案例信息汇总，及与另一本尝试案例实务技能实训的新探索之“姊妹篇”——《环境法案例研习之绿色原则规范解释》的关联指引。

遵循本套丛书的统一编写体例，本书在章下（或节下）以具体的知识点为最小编写“单元”，每个知识点下均设【知识点解读】【典型案例】【案例点评】三部分。

【知识点解读】主要阐述绿色原则规范解释司法适用中具体的知识点，将绿色原则规范解释司法适用的步骤分解为一个个更加具体、细化的知识要点，在表述上力求简洁清晰，将深奥晦涩的知识点转化为通俗易懂的书面语言。当然，鉴于学界当前对绿色原则的研究仍处于起步阶段，本书所构建的知识点体系难免有所疏漏，真诚欢迎并希望读者提出更多不同观点。

【典型案例】主要通过介绍知识点所涉及的相关司法实务案例展现知识点在司法实务中的运用。本部分所选案例全部来自已公开的经检索的司法案例库，均为真实案例。编写者努力追求准确、清晰、全面地诠释和展现其所对应的知识点中的法理和法律问题。本部分侧重于解读知识点，不同知识点项下列举的典型案例数量不等，以能准确阐述知识点为目的。为方便系列丛书典型案例的查找，本书对援用的典型案例进行了统一编号，编号格式为“LYGS/年份/案例编号”：“LYGS”表示该案例属于《绿色原则规范解释实案释法》这一单册所涉及的案例，“年份”是指该案例判决文书等相关文档所原初“诞生”的年份，“案例编号”则是指该案例在本书所有案例中先后出现的顺序号。每个案例均有一个唯一的统一编号，且与我主编的另一本“绿色原则”相关书籍——《环境法案例研习之绿色原则规范解释》的案例编号相同。

【案例点评】主要对案例中的知识点再次进行阐明，与知识点前后呼应，强调和重申重点理论，并对于其正确的理解和司法应用方法进行阐述，尝试通过法律解释、法律推理方法和法理的运用，尽可能解决绿色原则规范解释司法适用的技巧问题。希望这一环节能加深读者对知识点的理解，提高读者对知识点的灵活运用能力。基于司法实践情况的多样性，本部分视情况分别采用“一案一评”或者“多案一评”两种方式。“一案一评”是指某一案例的相关内容可用以说明某一知识点，故在该典型案例之后直接进行点评。“多案一评”是指某几个案例的相同内容或者相似内容可用以说明或者可用以对比说明某一知识点，甚至针对某一规范在实践中遇到了不同的理解而导致适用不统一，故在几个典型案例之后统一进行点评或在每个典型案例后逐一点评，根据教学阐释的需要而异。

本册案例书由本人担任主编，由中国人民大学法学院博士后吴昂担任副主编。本书编写前，先由主编提出章节设计，召集全体参编人员多次讨论各知识点的选取，由副主编吴昂初步确定对应各知识点的案例的选取方案，再由主编补充和确定全书的知识点与对应的案例。全体参编人员在商定分工后各自着手编写形成初稿。除非特别注明，原则上负责编写典型案例的编者也同时负责编写对应知识点和典型案例点评，参加本书编写的有竺效、吴昂、康杨洁羽、吴琳、黄露莹、钱昊、李政，在每一典型案例后标注了具体的编写者。各部分初稿提交后，由主编审阅后提出修改和补充建议，退回各部分编写者完善。修改稿再次提交后，由副主编和主编两人依次统稿、审稿、修改。本书与姊妹篇《环境法案例研习之绿色原则规范解释》同步编写，再次感谢中共浙江省委党校（浙江行政学院）讲师梁晓敏博士参与各个环节的讨论，提供不可或缺的协助！

全体编写者力争让本书成为一本能满足围绕案例展开的实践教学的新型教材或教辅用书，旨在满足不同类型的主体了解、学习绿色原则规范解释司法适用的基本思路、基本理论和基本司法技巧。但由于编写者的学识和能力有限，编写任务和时间紧迫，本书还有很多不足，敬请读者批评指正！

竺效

中国人民大学法学院教授、博导，环境学院副院长

2021 年 10 月 17 日

本书常用法律、法规、司法解释及规范性文件名称简称表

原名称	书中使用名称
《中华人民共和国民法典》	《民法典》
原《中华人民共和国民法总则》	原《民法总则》
原《中华人民共和国民法通则》	原《民法通则》
原《中华人民共和国物权法》	原《物权法》
原《中华人民共和国合同法》	原《合同法》
原《中华人民共和国侵权责任法》	原《侵权责任法》
《中华人民共和国民事诉讼法》	《民事诉讼法》
《中华人民共和国招标投标法实施条例》	《招标投标法实施条例》
原《最高人民法院关于贯彻执行〈民法通则〉若干问题的意见（试行）》	原《民通意见》
《最高人民法院关于适用〈中华人民共和国民事诉讼法〉的解释》	《民诉法司法解释》
《最高人民法院关于审理建筑物区分所有权纠纷案件适用法律若干问题的解释》	《建筑物区分所有权司法解释》
《最高人民法院〈关于审理城镇房屋租赁合同纠纷案件若干问题的解释〉》	《城镇房屋租赁合同司法解释》
《最高人民法院关于审理涉及农村土地承包纠纷案件适用法律问题的解释》	《农村土地承包纠纷司法解释》

扫码观看竺效教授
“绿色原则的规范
解释司法适用”
讲座视频

目　录

细　目

第1章　概　述

1.1　绿色原则的立法演变及基本功能

1.1.1　绿色原则的立法进程

2017 年 3 月 15 日，经第十二届全国人大第五次会议审议通过的《中华人民共和国民法总则》（以下简称《民法总则》）在“第一章 基本规定”中专设第 9 条规定：“民事主体从事民事活动，应当有利于节约资源、保护生态环境。”2020 年 5 月 28 日，第十三届全国人大第三次会议审议通过的《民法典》第 9 条重申确认了该条款，未做任何文字改动。

然而从立法进程来看，绿色原则在《民法总则》草案审议过程中其实也历经了几次变化。《民法总则（草案）》一审稿将绿色原则表述为：“民事主体从事民事活动，应当保护环境、节约资源，促进人与自然和谐发展。”在二审稿中，“第一章 基本规定”关于绿色原则的表述为：“民事主体从事民事活动，应当保护生态环境、节约资源，促进人与自然和谐发展。”相较一审稿，二审稿增加了“生态”二字。至三审稿时，该条款从“第一章 基本规定”中的基本原则部分移除，被调整至“民事权利”章，具体表述变为“民事主体行使民事权利，应当节约资源、保护生态环境；弘扬中华优秀文化，践行社会主义核心价值观”。而在全国人大审议稿中，绿色原则条款又从“民事权利”章被移回“基本规定”章，并重新表述为：“民事主体从事民事活动，应当有利于节约资源、保护生态环境”，最终获得通过。

自《民法总则》正式确立绿色原则以来，围绕其进行的学术争议一直未曾停息。有观点认为，绿色原则不属于民法基本原则，因为其处理的是个人与社会之间的关系而非平等主体之间的关系。[①] 但更多观点对绿色原则持支持态度，认为绿色原则能够为民事活动确立生态保护理念，限制民事活动可能造成的不利生态环境影响，为解决个人经济利益与生态公共利益的矛盾与冲突提供民法支持和保障。[②] 刨除学术理论上的争议，从实践层面来看，绿色原则的确对民事法律体系产生了重要影响，是大规模民法规范绿色变迁的开始，最直接的表现就是后续民法典编纂中各分编对绿色原则的回应与支持。[③] 例如，“物权编”确立了由相邻关系、建筑物区分所有权以及添附和地役权构成的三位一体的绿色制度体系，为节约资源、实现物尽其用提供了民法依据[④]；“合同编”新增了合同履行中的绿色附随义务、旧物回收义务和绿色包装义务等[⑤]；“侵权责任编”将污染环境和破坏生态都作为环境侵权的具体类型，扩大了环境侵权责任的规制类型与范围。可以说，随着《民法典》的正式出台，围绕绿色原则的“原则＋规范”体系基本形成，在一定程度上实现了体系规范控制的效果，为绿色原则的规范适用提供了具体依据。[⑥]

1.1.2　绿色原则的功能

从规范语义的角度看，绿色原则采取了“应当有利于”的表述，是对民事主体在生态环境保护方面的义务性规定，而非赋权性规定。[⑦] 此即意味

---

① 马洪. 绿色原则何以入民法典. 学术月刊，2017（10）：94.

② 王雷. 生命伦理学理念在我国民法典中的体现——以环境权为视角. 法学评论，2016（2）：73-77.

③ 樊勇. 私人自治的绿色边界——《民法总则》第9条的理解与落实. 华东政法大学学报，2019（2）：123.

④ 吕忠梅. 实施《民法典》绿色条款的几点思考. 法律适用，2020（23）：9-10.

⑤ 刘长兴.《民法典》合同编绿色条款解析. 法学杂志，2020（10）：21.

⑥ 陈洪磊. 民法典视野下绿色原则的司法适用. 法律适用，2020（23）：64.

⑦ 黄锡生. 民法典时代环境权的解释路径——兼论绿色原则的民法功能. 现代法学，2020（4）：105.

着，绿色原则属于限制性原则，“它和公平原则、诚实信用、权利义务一致等原则一样，从不同角度体现了社会化的要求”①，为各类民事活动的实施附加了普遍的环保义务，成为影响民事法律行为的成立、实施和后果的重要维度。作为一种“概括条款”，其具有司法适用的可能及必要，为法院在民事案件的处理中考虑环境影响、维护环境公益、弘扬环保理念提供了有力武器。但作为一种“限制性原则”，绿色原则既具有民法基本原则的一般功能——指导立法和为司法提供解释空间，也有更为重要的协调环境保护利益与民事权利之关系、平衡个人利益与公共利益的功能。这一功能具体表现为在民法中确立环境保护的价值观并与民法固有价值进行制度化衔接，建立司法判断的基本价值标准。

“绿色原则”作为限制性基本原则，有着特定的功能与作用，对于中国经济体制改革和生态文明体制改革意义重大。“绿色原则”的本质是在民法中为个人经济利益与生态公共利益的协调建立沟通机制：一方面，通过确立生态环境保护理念，为民事法律行为设定环境保护义务；另一方面，也要将可以体现为个人权利的相关内容纳入民法调整范围，保护个人环境权益。此外，还要与环境保护相关制度相互衔接，为环境法保护环境公共利益预留接口和空间。②

1.2 绿色原则的司法适用类型

绿色原则是我国民法确定的基本原则。为推动绿色原则司法适用的科学性和统一性，经过研究，竺效教授提出了“三层分类、一分为四”的绿色原则民事案件司法适用类型。③ 其中，“三层分类”的内容如下。

首先，以案涉民事法律纠纷的解决是否有可能适用的民事法律规范为

---

① 龙卫球，刘保玉.《中华人民共和国民法总则》释义与适用指导. 北京：中国法制出版社，2017：39.

② 吕忠梅课题组.“绿色原则”在民法典中的贯彻论纲. 中国法学，2018（1）：12－14.

③ 竺效. 论绿色原则的规范解释司法适用. 中国法学，2021（4）：83－102.

依据，将绿色原则可能的适用类型一分二位，其中没有可用民事法律规范的，将之归类为“绿色原则的漏洞填补适用”这一类型。

其次，进一步对存在民事法律规范的案件，根据该规范适用于纠纷案件后是否与绿色原则之间存在冲突予以二次分类，即“价值一致”或“价值冲突”的两分法，其中价值一致的归类为“绿色原则的价值宣示适用”。

最后，对二次分类后民事规范与绿色价值存在冲突的，再一分为二，包括仅有一个可能适用的规范但纠纷案件中适用该规范与绿色原则冲突，需要用绿色原则重新解释该规范以裁判案件的（归类为“绿色原则的规范解释适用”），以及存在两个上可能适用的民事规范，但规范间存在冲突，须以绿色原则为依据选定一个最优的可用规范予以适用（归类为“绿色原则的规范选择适用”）。

如前所述，经过前述三步逐层分类，得到了可以被简称为“漏洞填补”“价值宣示”“规范解释”“规范选择”这四种绿色原则在民事案件中的司法适用路径种类。

1.2.1 绿色原则的价值宣示适用

【知识点解读】

绿色原则的价值宣示适用，是指针对案涉民事纠纷，存在一个可以适用的民事法律规范，适用该规范不会造成裁判结果与绿色原则产生价值冲突，即原有裁判已符合绿色原则的精神和价值追求。在这种情况下，引用绿色原则会强化对已有裁判的说理论证。同时，个别案件也可能需要通过引用绿色原则来加强说理，以起到宣示教育的作用。

【典型案例 1】

原告蒋某诉被告伍某相邻关系纠纷案[①]

原告蒋某与被告伍某系同村人，双方在村中有两块水田相邻，原告的水田位于被告的水田上方，系一块“捕水田”（即该田无自然水源，需人工

① 广西壮族自治区全州县人民法院（2020）桂 0324 民初 1493 号民事判决书.

自下方水田舀上），需从被告的水田“捕水”，历史上形成了一个“捕水埠头”。自20世纪80年代初分田下户起，为灌溉下游水田，被告伍某等人商量，从其水田内田埂旁统一留出一条60公分宽的水沟，该水沟通达原告田埂下，原告可从该水沟“捕水”灌溉其诉争旱田。在分田下户后，为便于耕种，被告伍某将“捕水埠头”拆除，双方遂起纷争。经当地人民调解委员会多次调解无果后，原告起诉至法院，请求法院判令被告停止侵权，恢复位于原告水田下方的“捕水埠头”。

法院经审理后认为，原告请求恢复的“捕水埠头”虽在当时条件下起到了应有的积极作用，但随着生产条件的改变，被告伍某已在水田里留出一条宽60公分的水沟用于灌溉下游水田，原告亦能从中引水正常耕种其诉争旱田。在这种情况下，在被告水田里保留“捕水埠头”已无必要；且重新恢复“捕水埠头”也将造成水田的浪费，不利于节约资源，更不利于被告耕种。最终，法院判决驳回了原告的诉讼请求。

【案例点评】

本案中，原告认为被告拆除“捕水埠头”侵犯了其合法权益，请求法院判令被告将已被拆除的“捕水埠头”恢复原状。就适用规范来看，原《物权法》第84条（《民法典》第288条）是本案的核心裁判依据，法院根据相邻关系规则即可驳回原告恢复原状的诉讼请求。在这种情况下，法院引用绿色原则所起到的就是加强说理的作用，绿色原则的引用不仅不会对本案的判决结果产生影响，还具有宣传贯彻环境保护理念的意义。

案例编号：LYGS/2020/009

案例编辑人：吴昂

【典型案例2】

黄某与梁某、陈某买卖合同纠纷案[①]

梁某、陈某系夫妻，共同经营登记在梁某名下的H省H市某门窗加工店。2016年8月29日，黄某与陈某签订合同，约定将其一套房屋的阳台改

① 海南省海口市中级人民法院（2018）琼01民终330号民事判决书.

造工程交由陈某施工，工程项目包括原护栏及防盗网的拆除、铝合金活动窗的安装及东、西两侧阳台防盗网的制作安装，并详细约定了安装材料规格及单价。2016 年 9 月 25 日，陈某完成了整个安装工程，黄某验收后支付工程余款。在后续使用中，黄某发现固定防盗网的膨胀螺丝有生锈现象，后检查发现该膨胀螺丝并非不锈钢螺丝，黄某认为这与协议约定不符，遂向当地工商所投诉，双方经调解后仍未达成协议，黄某随即向法院提起诉讼，请求判令梁某、陈某更换膨胀螺丝。

一审法院经审理后认为，陈某因误解合同条款真实意思，错误使用普通材质的膨胀螺丝对防盗网进行固定确系违约，应承担相应的违约责任。但是，陈某对防盗网进行安装时使用的膨胀螺丝等配件虽不符合合同约定，却并未影响防盗网的整体使用，该行为不属于根本违约，故对原告要求被告拆除后更换膨胀螺丝的诉请不予支持。同时，直接更换螺丝不仅工程施工难度较大、成本高，对双方也会造成更大的经济损失，故从公平合理、节约经济成本的原则出发，由被告向原告进行适当的经济赔偿为宜。最终，一审法院依据原《民法总则》第 9 条、原《合同法》第 54 条、第 60 条第 1 款、第 107 条等判决被告向原告赔偿 800 元，并驳回了原告其他诉讼请求。

一审后，原告不服判决提起上诉。二审法院经审理后认为，一审法院根据防盗网已交付使用、从阳台内部无法直接更换螺丝的现状，从公平合理、节约经济成本的原则出发，酌情判令由梁某、陈某向黄某支付 800 元经济赔偿，并无不妥，故驳回上诉人的上诉请求，维持一审判决。

【案例点评】

在本案中，核心争议点在于被告错误理解合同使用普通膨胀螺丝固定安装防盗网的行为是否构成根本违约，原告是否能据此要求被告将已安装的防盗网拆除后更换膨胀螺丝。一审法院和二审法院结合案件事实均认为，被告的行为并不构成根本违约，虽应承担违约责任，但将原防盗网拆除后更换膨胀螺丝的行为显然与被告的违约程度不对称。因此，根据原《合同法》第 107 条（《民法典》第 577 条），被告应采取赔偿损失的方式承担违约责任。在本案中，法院对绿色原则的引用正是起到了加强说理的作用，法院据此指出被告更换膨胀螺丝会造成更大的经济损失及资源浪费，不符合绿色原则的规定，补强了法院关于被告以赔偿损失方式承担违约责任的说理论证。

案例编号：LYGS/2018/008

案例编辑人：吴昂

1.2.2 绿色原则的规范解释适用

【知识点解读】

绿色原则的规范解释适用，是指针对案涉民事纠纷，存在一个可以适用的民事法律规范，但适用该规范可能因与绿色原则冲突而造成个案裁判结果显失公平或明显不当，即可能造成有损环境公共利益的不公平结果。此时，在该案中就需引用绿色原则对该规范重新进行解释，并将绿色原则解释后所新获的规范作为裁判依据。通过这种司法适用方式，可以逐步将节约资源、保护生态环境的理念贯彻至民事活动中，实现民事活动的绿色化。

【典型案例 1】

原告梁某诉被告S省S县林业局恢复原状纠纷案[①]

1999 年 5 月 5 日，原告梁某承包了所属本村委的背沟“四荒”。次年，原告根据合同约定实施了治理工程，在承包的土地上栽植仁用杏树数株。2003 年，被告以实施三北防护林项目工程为理由，把原告栽种的数亩杏树毁掉后栽上刺槐。2009 年，被告再次在原告承包的土地上实施薪炭林工程，占用数亩土地栽上柏树。2010 年，被告又在剩余的数亩土地上栽刺槐。后原告将被告诉至法院，请求法院判令被告恢复原告的土地。

法院经审理后认为，原告梁某与村委所签订的拍卖“四荒”土地合同有效，原告梁某取得了土地承包经营权，对其承包的集体所有土地享有占有、使用、收益的权利，任何单位和个人不得侵犯。被告某林业局虽然是根据政府相关文件实施绿化工程，但也应当征求承包经营权人的意见，并

---

① 山西省石楼县人民法院（2017）晋 1126 民初 188 号民事判决书.

进行相应补偿。被告在未征得原告同意的情况下在其承包的四荒地内栽树，侵犯了原告的合法权益，应当承担侵权责任。但是，被告实施的植树造林工程为国家在本区域内生态建设整体规划的一部分，也与原告承包治理四荒土地的目的一致。故原告要求恢复原状的请求与节约资源，保护生态环境的民法原则相悖，不宜再恢复原状。最终，法院判决驳回原告的诉讼请求。

【案例点评】

在本案中，被告以营造三北防护林、营造薪炭林为理由，将原告栽种的数亩杏树毁掉，原告遂向法院请求恢复承包经营荒地上的杏树。本案中，与绿色原则关联的核心民事规范应是原《物权法》第35条（《民法典》第236条）。法院说理认为，"被告实施的植树造林工程为国家在本区域内生态建设整体规划的一部分，也与原告承包治理四荒土地的目的一致。故原告要求恢复原状的请求与节约资源，保护生态环境的民法原则相悖，不宜再恢复原状"，实际是以绿色原则限制了原告以复植被毁杏树的方式排除物权妨害的请求。该案是典型的虽有可适用的民事规范，但适用该规范因与绿色原则所指向的价值明显冲突而可能造成有损环境公共利益不公平结果的案例，需要以规范解释的适用方式引入绿色原则条款，修正或重新解释冲突的民事规范。

案例编号：LYGS/2017/001

案例编辑人：竺效、吴昂

【典型案例2】

原告常某、薛某诉被告郭某、赵某承揽合同纠纷案[①]

2013年5月4日，原告常某、薛某与案外人常某甲签订了S省D县某宾馆门窗的制作、安装协议，该协议约定了门窗的单价、尺寸、用料规格等详细信息。2013年5月11日，原告常某、薛某与被告郭某、赵某签订了S省D县某宾馆门窗的制作、安装"协议书"，该协议约定了门窗的价格，对门窗的要求与原告与常某甲的约定一致。工程结束后，因二原告一直未

---

① 陕西省定边县人民法院（2020）陕0825民初6535号民事判决书.

从常某甲处得到门窗款，故一直未向被告支付。2015 年 6 月 3 日，二原告将二被告诉至法院，认为其制作的门窗不合格，请求法院确认原、被告签订的门窗制作、安装“协议书”有效，同时判令被告重作、更换全部门窗。

法院经审理后认为，二原告与二被告所签订的门窗制作、安装“协议书”是双方的真实意思表示，双方均应严格按照合同约定认真履行义务，二被告未按合同所确定的材料规格进行施工系引发纠纷的主要原因，二被告的行为已经构成违约，应承担继续履行、采取补救措施或者赔偿损失等违约责任。虽然被告违约，但原告承认工程所涉门窗有部分已经投入使用，即证明虽然被告未按合同要求进行安装，但其安装的门窗依然具有使用价值，进行重作、更换会造成资源的浪费，违反原《民法总则》确定的绿色原则，故对原告要求被告重作、更换门窗的诉请不予支持。

【案例点评】

本案的诉讼过程较为曲折，原告最早于 2015 年 6 月便向法院提起了诉讼，中间历程了两次上诉后被中院撤销原判发回重审，本书所引用的为 2020 年 5 月由法院作出的最后一次判决。在本案中，原告依据原《合同法》第 107 条（《民法典》第 577 条）要求被告以更换、重作的方式承担继续履行的违约责任，这种选择是原告作为债权人的应有权利。但是，被告所安装的门窗已投入使用，具有一定相当程度的使用价值，原告要求更换、重作将会造成明显的资源浪费，故法院以绿色原则限制了原告要求被告继续履行的请求权，驳回了原告的诉讼请求。该案是典型的绿色原则规范解释适用案例，体现了绿色原则的限制性基本原则的功能定位，以绿色原则对既有民事规范所确立的权利予以了一定的限制。

案例编号：LYGS/2020/010

案例编辑人：吴昂

1.2.3 绿色原则的规范选择适用

【知识点解读】

绿色原则的规范选择适用，是指针对案涉民事纠纷存在两个以上的潜在可用的民事法律规范，但多个规范间存在冲突，在此情况下引入绿色原则，能够为个案选择出可以适用的最优规范，以实现对生态环境公共利益的整体维护，同时得出相对最妥善的个案裁判。

【典型案例 1】

原告闫某与被告S省L市某置业公司、李某商品房销售合同纠纷案①

2017 年 6 月 4 日，原告闫某与 S 省 L 市某置业公司签订了《商品房买卖合同（预售）》，约定购买由被告某置业公司开发的商品房住宅一套。2019 年 4 月 24 日实际交付房屋时，被告某置业公司没有将本该封闭的东向窗口以玻璃窗形式封闭。原告接收房屋后，将东向窗户改成推拉门，并参照楼上阳台尺寸自建了东阳台。在建设东阳台的过程中，L 市 H 区综合行政执法局于 2019 年 5 月 21 日向原告送达了《责令限期改正违法行为通知书》，要求被告于 2019 年 5 月 26 日前拆除东阳台所进行的装修和建设并恢复原状。经查实，该东阳台已建设并装修完毕，并未拆除。后原告将被告诉至法院，请求法院判令被告将涉案房屋东侧窗户安装至交付标准（窗户封上）。

法院经审理后认为，在原告已对该窗口改造、施工装修成推拉门的前提下，如令被告某置业公司重新安装至交房标准，不仅履行费用过高，会造成物料上的浪费，更不符合原《民法总则》第 9 条规定的“民事主体从事民事活动，应当有利于节约资源，保护生态环境”的“绿色原则”。因此法院认为，被告某置业公司以赔偿损失的方式承担未安装封闭玻璃窗的违约责任更为合适。诉讼中，原告认可其为此支出 3 100 元，被告亦无异议。最终，法院判决被告赔偿原告 3 100 元。

【案例点评】

在本案中，被告某置业公司交付给原告的房产未依约封闭阳台，确实构成了违约应当承担违约责任，故原告有权根据原《合同法》要求被告将阳台封闭。但是，原告已对阳台实施了改造，如果要求被告重新将阳台安

① 山东省临沂市河东区人民法院（2020）鲁 1312 民初 213 号民事判决书.

装至交房标准，势必将要修拆已有装修并重新施工，这明显会造成资源浪费，不符合绿色原则。在这种情况下，法院依据绿色原则改变了被告违约责任的承担方式，要求被告以赔偿损失替代重新安装。从法律依据上来讲，在可适用的原《合同法》第107条（《民法典》第577条）和第111条（《民法典》第582条）之间，法院依据绿色原则选择了适用第107条。另外需要指出，本案中法院存在判非所请的嫌疑，判决书中未载明法院作出裁判前向原告释明变更诉讼请求。但是，仅就合同违约后，继续履行与赔偿损失的选取之间，引入绿色原则作出选择，这属于典型的绿色原则规范选择司法适用类型。

案例编号：LYGS/2020/011

案例编辑人：竺效、吴昂

【典型案例2】

原告胡某、余某诉被告H省W市土地整理储备中心、H省W市地铁集团、H省W市某房屋拆迁事务所恢复原状纠纷案[①]

1995年12月25日，原告胡某承租由第三人H省W市某房管所管理的一房屋，公房租约载明的同户籍共同居住成员为其丈夫余某和女儿余某甲。2010年3月25日，W市国土资源和规划局向W市土地整理储备中心（地铁集团）颁发了房屋拆迁许可证；2013年11月21日，W市地铁集团与W市W区人民政府签订了《土地储备项目拆迁委托协议书》，委托W区政府负责拆迁工作，原告居住房屋于2015年8月被拆除。后因拆迁补偿等事项未达成一致意见，原告胡某向法院提起行政诉讼，请求撤销拆迁许可证被驳回，后胡某、余某向法院提起民事诉讼，要求W市土地中心、W市地铁集团、某拆迁事务所对涉案房屋被强制拆除承担法律责任，请求法院判令被告将强制拆除原告的房屋恢复原状。

法院经审理后认为，因案涉房屋所处地块已经按建设规划改造完成，涉案房屋已无恢复原状的可能，如胡某、余某的被拆除房屋以恢复原状的

① 湖北省武汉市武昌区人民法院（2019）鄂0106民初10882号民事判决书.

方式获得救济，受损房屋在修复后必然会影响其他社会经济建设，将会造成极大的资源浪费。根据原《民法总则》第9条“民事主体从事民事活动，应当有利于节约资源、保护生态环境”之规定，对原告的诉讼请求不予支持。后经法院释明，原告仍坚持其恢复原状的诉讼请求，法院遂驳回原告的诉讼请求。

【案例点评】

本案中，原告首先针对房屋拆迁提起了行政诉讼，请求法院撤销拆迁许可证被驳回，后又提起民事诉讼，要求被告对被拆迁的房屋承担民事侵权责任，将已拆除的房屋恢复原状，支持其请求的法律依据为原《侵权责任法》第15条（《民法典》第179条）。法院经审理后认为，原告的房屋已被拆除，且所处地块已规划其他建设项目，要求被告恢复原状会造成明显的资源浪费，有违绿色原则。但是，被告的行为确实侵犯了原告的合法权益，应当赔偿原告的损失，在绿色原则指导下，应更换被告的侵权责任承担方式。然而，经过法院释明后，原告仍不更改诉讼请求，故法院最终判决驳回原告的诉讼请求。本案亦属于典型的绿色原则的规范选择适用案例，法院以绿色原则选择了承担侵权责任的方式，契合绿色原则的立法精神。

案例编号：LYGS/2019/013

案例编辑人：吴昂

1.2.4 绿色原则的漏洞填补适用

绿色原则的漏洞填补适用①，是指对于所争议纠纷，本应有民事法律规范予以调整，但尚未制定规范，可以用绿色原则解释、创制适用的规范，以个案性地修补该法律漏洞，解决案涉民事纠纷。简单地说，绿色原则的漏洞填补仅适用于尚无可以直接作为裁判依据的民事规范的情形。倘若有能适用的具体规范，便不能直接将绿色原则作为裁判依据，否则将构成

① 王泽鉴教授认为：“所谓法律漏洞，系指依现行法律规定之基本思想及内在目的，对于某项问题，可期待设有规定而未规定之谓。”王泽鉴．民法学说与判例研究．北京：中国政法大学出版社，1998：22.

“向一般条款逃逸”[1]。

需要说明的是，截至本书编写时，尚未在已公开的裁判文书中发现有严格符合前述定义的绿色原则漏洞填补适用的案例，故本书在此处暂不例举，若后续有真实案例出现，将在本书修订时予以添加。

本章以上篇幅通过几个典型案例简要呈现了竺效教授所构建的绿色原则司法适用路径体系。目前，绿色原则在民事司法实践中已有较多运用，为相关研究提供了大量的生动素材。[2] 在前述四种适用路径中，相对而言，规范解释类适用在当前的司法实践中存在问题最多、最严重、最急需纠正。[3] 故此，本书将聚焦绿色原则规范解释的民事案件司法适用，以实证案例阐释其理论架构体系，以期能引导未来有关绿色原则规范解释之司法实践尽快提升其科学性、规范性，避免误用、滥用，以维护绿色原则作为民法基本原则本应保持的严肃性。

① 庞凌. 法律原则的识别和适用. 法学，2004（10）：43.

② 关于案例检索的详细情况，请见竺效教授主编的《环境法案例研习之绿色原则规范解释》第一章.

③ 竺效. 论绿色原则规范解释的司法适用. 中国法学，2021（4）：90-91.

第2章　绿色原则规范解释司法适用的主要步骤

2.1　民事规范识别

【知识点解读】

"民事规范识别"，是指在具体的民事纠纷中，存在一个可以适用的民事法律规范，但适用该规范可能与民法典绿色原则相冲突而造成个案裁判结果显失公平或明显不当，为借助绿色原则对该规范进行重新解释，而首先将其定位识别的一项前置准备工作。在个案裁判中，准确定位并识别前述民事规范需要注意以下几点事项：第一，该规范必须是一个民事法律规范，不能是行政法律规范或者是刑事法律规范。第二，应在确定的案件事实基础之上查找与之相关的法律规范，准确定位法律关系与法律规范的连接。该民事法律规范应当为完全法条，包括构成要件、构成要件要素及法效果[①]，具备决定案件走向的能力。第三，适用该法律规范将与绿色原则相冲突，将导致个案裁判不当，此处的不当包括裁判结果有失公正和裁判结果不利于生态环境保护和资源有效利用等。

【典型案例1】

陈某某与李某某土地租赁合同纠纷案[②]

2015年9月22日，陈某某（以下简称"原告"）、李某某（以下简称

① 卡尔·拉伦茨. 法学方法论. 陈爱娥译. 北京：商务印书馆，2020：138.

② 四川省兴文县人民法院（2019）川1528民初618号民事判决书.

“被告”）签订了一份租地合同，约定被告租用原告位于S省X县T镇的3.12亩土地，租赁期限为13年（2015年9月22日至2028年9月22日），租赁费每年1 248元，先交费后使用，每年9月22日前将下一年租赁费以现金方式全部结清，承租人对租赁的土地资源享有进行改造、经营使用和收益的权利。双方同时约定，承租人不按时交纳租赁费的，出租人有权解除租赁合同。被告租赁土地后，自2017年开始就出现未按合同约定的时间支付租赁费的情况。为维护自身权益，原告诉至法院，请求判令解除原、被告签订的租地合同；被告退还租赁土地，并对垮塌流失、破坏原貌的土地承担硬化加固和“还原”责任；赔偿原告经济损失。

法院认为，原告主张解除合同并退还租赁土地的诉讼请求符合法律规定和合同约定，应予以支持。依据原《民法总则》第9条“民事主体从事民事活动，应当有利于节约资源、保护生态环境”，因被告租赁原告土地主要用于渔业养殖，其每年养殖具有养殖周期，且鱼属于鲜活农产品，具有不便于突然“清塘”、储藏、运输和销售的特殊性。因此，为减少损失、节约资源、维护农村农产品种、养殖秩序，确定原、被告签订的租地合同于2019年9月22日解除。对于原告主张被告对垮塌流失、破坏原貌的土地承担硬化加固和“还原”责任，并赔偿经济损失的诉讼请求，因原告提供的证据不足以证实因被告未合理使用土地而造成了土地垮塌流失和出租土地原貌的破坏，也不足以证实其损失情况，对原告的该项诉讼请求，法院不予支持。最终，法院依照原《合同法》第6条、第93条、第97条，原《民法总则》第9条等规定，判决原告与被告2015年9月22日签订的租地合同于2019年9月22日解除；被告于2019年9月22日将土地退还原告，驳回原告其他诉讼请求。

【案例点评】

本案中，被告租赁土地后，自2017年出现未按合同约定时间支付租赁费的情况，已构成违约。根据原告与被告的合同约定，承租人不按时交纳租赁费的，出租人有权解除租赁合同。法院根据原《合同法》第93条（《民法典》第562条）支持原告解除合同的诉讼请求，判决原告、被告合同解除。本案中，法院对与绿色原则相关的民事规范识别准确，以绿色原则推迟原告解除合同的权利，判决租地合同于2019年9月22日解除，实现了个人私益与环境公益的平衡。

案例编号：LYGS/2019/010

案例编辑人：黄露莹、竺效

【典型案例2】

田某与T市某建筑装饰工程有限公司装饰装修合同纠纷案[①]

2018年3月15日，田某（以下简称“原告”）作为发包方与T市某建筑装饰工程有限公司（以下简称“被告”）作为承包方，签订了《T市住宅装饰装修工程施工合同》，约定由被告对T市河西区某小区房屋进行装饰装修。合同违约责任部分第12.3条约定：施工过程中任何一方无法继续履行合同的，应当书面通知对方，经双方同意办理清算手续，订立终止合同协议，并由责任方按合同总价款的10%赔偿，解除合同。被告依约进场装修，后因双方对增项款的支付无法达成一致意见，被告停工，实际施工天数为12天。原告两次催促被告继续施工，并告知逾期将视为被告解除合同、违约；被告对此回复称并非无故停工，是因原告未付增项款。后原告起诉请求法院判令解除原、被告签订的《T市住宅装饰装修工程施工合同》；判令被告返还工程款12 000元，并将涉诉房屋恢复原状，并承担违约金2 000元。被告辩称，停工是因为原告没有支付增项款，施工标准合格，同意解除合同，但不同意返还工程款，也不同意恢复原状，不同意支付违约金。

法院认为，被告在合同约定的工程期限内予以停工，经原告催告后仍未复工或者以积极的态度解决双方的争议，导致装饰装修工程未能如约竣工，符合原《合同法》第94条第3项合同法定解除的情形且构成违约，根据原《合同法》第107条、第114条之规定支持原告提出的违约金诉讼请求。针对原告要求恢复原状的诉讼请求，法院认为，原告在施工现场未曾对被告的施工具体操作提出异议，经释明后，原告亦未对已施工项目能否

① 天津市河西区人民法院（2018）津0103民初6946号民事判决书.

继续利用申请鉴定，鉴于已完成的施工项目大部分存在使用价值，若恢复原状显然会扩大双方的损失，造成时间及物质资源的浪费，因此对原告要求被告恢复原状的诉讼请求不予支持。因原、被告对实际施工量的价值均不申请评估鉴定，法院结合双方协商价款的情况、合同约定内容、实际施工情况、双方认可的合同内被告已完成的工程量及双方认可的增项，法院酌定被告返还原告已付工程款的15%，即1 800元。

【案例点评】

本案中，被告在合同签订后、实际施工过程中，对合同价款已包含的项目作为增项处理，既不符合合同约定，也不符合法定的合同变更条件，构成违约。另，被告经原告催告后在合理期限内仍未履行，符合合同法定解除情形。法院准确选择了适用规范即原《合同法》第97条（《民法典》第566条），虽然依据该条之规定，合同解除后，尚未履行的中止履行，已经履行了的，根据履行情况和合同性质当事人可以要求恢复原状、采取其他补救措施。但法院认为，已完成的施工项目大部分存在使用价值，恢复原状会扩大双方的损失，造成时间及物质资源的浪费，与绿色原则相背离，因而以绿色原则排除了合同解除后的恢复原状请求权。该案的审理法院识别民事规范准确。

案例编号：LYGS/2018/007

案例编辑人：竺效、黄露莹

【典型案例3】

常某、薛某与郭某、赵某承揽合同纠纷案[①]

2013年5月4日，原告常某、薛某与案外人常某甲签订了S省D县某宾馆门窗的制作、安装协议，该协议约定了门窗的单价、尺寸、用料规格等详细信息。2013年5月11日，原告常某、薛某与被告郭某、赵某签订了S省D县某宾馆门窗的制作、安装“协议书”，该协议约定了门窗的价格，对门窗的要求与原告与常某甲的约定一致。工程结束后，因二原告一直未从常某甲处得到门窗款，故一直未向被告支付。2015年6月3日，二原告

① 陕西省定边县人民法院（2020）陕0825民初6535号民事判决书.

将二被告诉至法院，认为其制作的门窗不合格，请求法院确认原、被告签订的门窗制作、安装“协议书”有效，同时判令被告重作、更换全部门窗。

法院认为，原告、被告所签订的门窗制作、安装“协议书”为有效合同。双方均应严格按照合同约定，认真履行各自的义务，二被告在合同履行过程中，未按合同所确定的材料规格进行安装施工，导致工程不符合约定，系引发双方发生纠纷的主要原因，二被告的行为已经构成违约，根据原《合同法》第107条规定，当事人一方不履行合同义务或者履行合同义务不符合约定的，应当承担继续履行、采取补救措施或者赔偿损失等违约责任。虽然被告违约，但原告承认工程有部分已经投入使用当中，即证明虽然被告未按合同要求进行安装，但其安装的门窗具有使用价值，而进行重作、更换会造成浪费，违反了民法总则确定的绿色原则，对原告的要求被告重作、更换门窗的诉请不予支持。

【案例点评】

本案中，二被告在合同履行过程中，未按合同所确定的材料规格进行安装施工，导致工程不符合约定，构成违约。法院根据法律事实，准确识别了案涉纠纷解决可适用的民事规范为原《合同法》第97条（《民法典》第566条）。该条关于合同解除的法律效果规定，当事人一方不履行合同义务或者履行合同义务不符合约定的，应当承担继续履行、采取补救措施或者赔偿损失等违约责任。本案中法院民事规范识别准确，但原告要求以重作方式继续履行合同，与绿色原则节约资源的要求相冲突，法院以绿色原则否定了原告要求被告以重作方式继续履行的请求权。

案例编号：LYGS/2020/010

案例编辑人：竺效、黄露莹

【典型案例4】

J省J市公路管理处与周某某排除妨害纠纷案[①]

原J省J市公路管理处（简称“原告”）建造房屋7幢，总面积为

① 江苏省句容市人民法院（2019）苏1183民初5641号民事判决书.

518.08平方米，并于1989年12月19日取得房屋所有权证，该处用房由原J省J市交通设施有限公司作为采石工区用房使用。在采石工区J市交通设施有限公司破产时，因当地村集体存在土地复垦等问题，该处房屋由J市交通设施有限公司时任法定代表人李某交由周某某（简称“被告”）管理，并口头协议约定周某某按评估价购买，但此后双方未能履行。周某某占有上述房屋后，于2013年前后原址拆除了原有房屋进行新建并使用至今。原告发现该处房产被被告占有后，于2019年8月8日向法院起诉，请求判令被告将侵占原告的房屋返还，将拆除原告的房屋恢复原状；将在原告享有使用权的土地上建设的房屋拆除，将侵占的土地返还原告。被告辩称，公路管理处主体不适格。另查明，对案涉房屋所在土地，原告未办理土地所有权证，现该土地仍为集体土地。本案审理中，被告未能提供翻建新建房屋的相关审批手续。

法院认为，原告对该处房屋享有所有权，被告未征得原告同意，占用房屋并擅自将案涉房屋拆除、新建，损害了原告的合法权益，应承担侵权责任。但是，选择当事人承担民事责任的方式，既要考虑当事人主观过错、损害结果等，也要兼顾财产的效用。如果予以拆除或者拆除后仍恢复为砖混、砖木结构的房屋，既会造成财产的损失，也不符合物尽其用的原则。在法院释明后，原告仍坚持原诉请不作变更，故对原告主张的要求被告将侵占的房屋返还并恢复原状的请求不予支持，原告可就自己的损失另案向被告主张损害赔偿。因案涉房屋所在土地为集体土地，原告对案涉土地并不享有使用权，原告要求被告返还土地的请求法院亦不予支持。法院依照原《民法总则》第9条、第120条、第179条，原《侵权责任法》第6条、第15条，《民事诉讼法》第142条之规定，判决驳回原告的诉讼请求。

【案例点评】

本案中，被告擅自占有原告房屋，并拆除了原有房屋进行新建，构成侵权。但法院认为依法排除妨害既会造成财产的损失，也不符合物尽其用的原则，以绿色原则限制了原告排除妨害请求权的实现。本案中，与绿色原则相关的核心规范应为原《物权法》第35条(《民法典》第236条):“妨害物权或者可能妨害物权的,权利人可以请求排除妨害或者消除危险。”以及原《物权法》第36条(《民法典》第237条):“造成不动产或者动产毁损的,权利人可以请求修理、重作、更换或者恢复原状。”本案中,法院规范识别错误,将物权受到侵犯后产生的请求权即物权请求权等同于权利人要求侵权者承担侵权责任的请求权。有学者认为,“物权救济模式存在着物权请求权模式和侵权责任模式及竞合模式。在物权遭受侵害或妨害以及存在着妨害之虞的领域内,或者说在物权法和侵权行为法之间的关系上,物权请求权模式应优于侵权责任模式。”① 故此,本案中,法院在识别民事规范方面存在不当,应优先适用物权法规范,而非侵权法规范。尤其是拟引入绿色原则重新解释民事规范以裁判案件,则应选择物权规范作为绿色原则规范解释适用技术步骤中识别并“锁定”的民事规范。

案例编号:LYGS/2019/003

案例编辑人:黄露莹

【典型案例5】

郭某某与魏某某委托合同纠纷案②

2009年5月19日,郭某某(以下简称“原告”)与魏某某(以下简称“被告”)共同签订证明一份(以下称种植管理协议),主要内容为被告与原告就土地纠纷达成的意见:河堤南边地所种蒜、麦由原告收获,收获后该地块从2009年夏季以后由被告种植管理。2014年12月25日,S县人民政府为河堤南颁发了农村土地承包经营权证,与原告、被告于2009年5月19日达成协议的土地为同一块土地,现该土地已被被告耕种上小麦,小麦尚未成熟。后原告向法院请求判令解除2009年5月19日与被告签订的种植管理协议,责令被告返还承包田4.68亩。被告辩称,原告将其土地承包权依法转让给了自己,其对涉案耕地享有承包权;即使双方是委托关系,涉

① 崔建远. 物权救济模式的选择及其依据. 吉林大学社会科学学报,2005(1):116-129.

② 山东省单县人民法院(2017)鲁1722民初4794号民事判决书.

案土地是三个人的承包地，原告也只能对其中一个人的承包地主张权利。

法院确认了涉案土地仍应属于原告家庭承包，原告作为土地承包经营权证书上记载的承包方代表人，有权提起诉讼，诉讼主体适格。法院依据原《合同法》第 410 条解除种植管理协议，但根据绿色原则，现涉案土地已被被告耕种上小麦，小麦尚未成熟，此时返还涉案土地不利于节约资源。综合本案的实际情况，法院认为，被告应在小麦收割完毕后再将土地返还，考虑小麦的收割时间及夏季耕种时间，法院最终确定被告于 2018 年 6 月 20 日前将涉案土地承包经营权返还原告。

【案例点评】

本案中，原告与被告因种植管理协议产生纠纷，该协议符合委托合同的法律特征。对于双方的纠纷，法院援引了原《合同法》第 410 条（《民法典》第 933 条）解除种植管理协议，但立即解除合同不利于节约资源，故法院以绿色原则限制合同解除立即生效。但是，本案中法院对与绿色原则相关的核心规范识别错误，其以绿色原则限制的并不是合同解除权，而是合同解除后原物即时返还的效力，应当适用的是原《合同法》第 97 条（《民法典》第 566 条）合同解除的效力条款，及合同解除后，尚未履行的，终止履行；已经履行的，根据履行情况和合同性质，当事人可以要求恢复原状、采取其他补救措施，并有权要求赔偿损失。

案例编号：LYGS/2017/004

案例编辑人：竺效、黄露莹

2.2　冲突价值权衡

【知识点解读】

在绿色原则规范解释司法适用中，法官在处理具体规范与绿色原则的适用关系时，需遵循具体规则优先的法律适用原则，当所适用的具体规范与绿色原则发生冲突时，需要进行冲突价值权衡。所谓“冲突价值权衡”，是指通过价值探究、比较、衡量的方法在绿色原则和与其冲突的民事法律规范之间作出民事纠纷所涉个案的冲突价值之间的优先序位排定。[①] 在进行绿色原则规范解释适用的规范与原则之间的冲突衡量时，真正发生冲突的是规范背后的原则（Pr）与绿色原则（P）。因此，首先需要识别所冲突规范 R 背后的支撑性原则，并将绿色原则 P 与 Pr 在案涉纠纷的个案中予以充分、全面的价值衡量与比较，进而得出绿色原则在该个案中是否应具有价值更优的顺位判断，若答案是肯定的，则应允许在该案司法中继续开展绿色原则规范解释适用的后续步骤——“测试”；反之，则应优先适用该等与绿色原则形式上冲突的已有之民事规范。[②]

【典型案例 1】

王某某与某煤业有限责任公司恢复原状纠纷案[③]

2007 年 12 月 15 日，王某某（以下简称“原告”）与第三人签订了《李家河荒山绿化合同书》。2010 年 9 月 25 日，原告与第三人在原有合同基础上又签订了《林地承包合同书》，将荒山承包期限变更为 70 年。2011 年 12 月 31 日，G 市林业局向原告发放林权证。2015 年 3 月 10 日，某煤业有限责任公司（以下简称“被告”）与第三人签订《关于长平公司对李家河东沟荒地排矸改造的补偿协议》，2019 年 4 月，被告与某园林绿化工程有限公司签订了绿化施工合同书，对被告已经排放的矸石进行绿化治理。2019 年 2 月 26 日，原告请求法院判令被告立即停止向原告承包的荒山上倾倒煤矸石，恢复原告所承包荒山原状，并要求被告赔偿原告移除煤矸石的费用 1 013 000 元。

一审法院认为，被告虽与第三人达成了向东沟荒地进行排矸的协议，但被告在排矸过程中未经原告同意，将煤矸石超范围排放在原告所承包的

① 竺效. 论绿色原则的规范解释司法适用. 中国法学，2021（4）：83－102.

② 这里学习借鉴了林来梵教授等所归纳介绍的阿列克西有关原则与规范冲突的衡量公式。林来梵，张卓明. 论法律原则的司法适用——从规范性法学方法论角度的一个分析. 中国法学，2006（2）：122－132.

③ 山西省晋城市中级人民法院（2020）晋 05 民终 627 号民事判决书.

荒山山坡上，侵犯了原告所享有的承包经营权，应当恢复荒山原状。即使在被告对其所占用的荒山进行复垦绿化后经济效益高于之前，或者修复原状的费用较高，也不能因此而剥夺原告自身的合法权益。根据原《民法总则》第3条、原《侵权责任法》第6条、第15条之规定，法院判决被告清除荒山上所排放的煤矸石，并驳回原告其他诉讼请求。一审判决作出后，原被告均提起上诉。

二审法院认为，一审被告已对排矸荒山进行了复垦绿化，现荒山上的树木已被掩埋，客观上无法恢复原状，如再投入百万余元清除煤矸石，势必要先毁坏复垦绿化的植被，不仅造成98万元投入的浪费，更是对现有绿色生态环境进行再度破坏。根据绿色原则并综合考虑本案实际情况，本案以保持现状为宜，不宜采用恢复原状的侵权责任承担方式。并依照原《民法总则》第9条、原《物权法》第37条，撤销了一审法院判令被告于判决生效之日起30日内清除荒山上所排放的煤矸石的判项，改判被告赔偿原告树木损失80万元。

【案例点评】

本案中，被告擅自在原告所承包的荒山上排矸，构成了物权妨害。根据原《物权法》第35条（《民法典》236条）："妨害物权或者可能妨害物权的，权利人可以请求排除妨害或者消除危险"（R），原告可以据此主张以移除复垦在非法排放在自己承包荒地上原种植被的方式排除妨害，其请求权背后的原则为《民法典》第3条所明文规定的民事权益受法律保护原则（Pr），进而这种权衡被转化为民事权益受法律保护原则（Pr）与绿色原则（P）之间的权衡。绿色原则是人类社会应对和解决环境问题而出现的一种新型限制，旨在平衡民事主体的个人利益和环境公共利益，进而实现民事主体个体利益的长久保护。本案中，法院认为，环境公共利益应当获得优先考虑的地位，以绿色原则否定了原告的物权妨害恢复原状请求权，对于所限制的民事主体权利酌定确定赔偿款以补偿平衡。

案例编号：LYGS/2020/003

案例编辑人：竺效、黄露莹

【典型案例2】

C市蔬菜技术推广站与C市某月季生态产业发展有限公司租赁合同纠纷案①

2016年12月，C市蔬菜技术推广站（以下简称“原告”）通过竞争性谈判的方式就蔬菜园区的租赁对外进行招标。2016年12月27日，原告确定被告为该项目的中标人。2017年1月15日原告（甲方）与被告（乙方）签订《合同书》。合同约定甲方责任：督导合同的合理运行，为乙方提供生产、生活所必需的条件（指提供水源、电源、道路畅通等）；乙方责任：乙方拥有土地的经营权，主要用于蔬菜作物种植，允许少量其他农作物种植，蔬菜种植面积不得少于总面积的75%。2017年8月18日，原告向被告送达通知书，内容为：C市审计局下达《C市蔬菜技术推广站2016年度预算执行及其他财政财务收支情况审计报告》，提出“蔬菜科技示范园区内土地及温室大棚种植的全部为各类树木，未种植蔬菜，未按照合同约定的条款‘不少于75%的面积种植蔬菜’的约定进行。”要求被告于2018年5月底之前整改到位。2018年5月16日，原、被告签订《〈土地租赁合同书〉的补充协议》，约定：将租赁期限修改为2017年5月31日起至2020年5月30日止，原合同书的其他部分全部继续有效。2018年6月11日，原告向被告送达《终止协议通知书》，因被告未能按合同约定使蔬菜种植面积达到75%，已构成根本违约，原告根据合同约定通知被告解除双方签订的租赁协议，要求被告于2018年7月11日前拆除自行建造的生产辅助设施和迁移地上种植作物，将协议项下的全部土地及附属物腾退完毕交付原告，并赔偿经济损失。

原告诉请：(1) 判令解除原、被告于2017年1月15日签订的《合同书》；(2) 判令被告立即从原告蔬菜示范园区腾退完毕，并按121 280元/年的租金标准向原告支付自2018年5月31日起至实际腾退完毕之日止的经济损失（暂计至2018年10月31日为50 533元）；(3) 本案的诉讼费由被告承担。

法院认为，各方当事人均应遵循诚实信用原则履行合同义务，被告租

① 河北省沧州市运河区人民法院（2018）冀0903民初3332号民事判决书.

赁原告的土地进行种植，应当支付租赁费。但被告未履行“蔬菜种植面积不得少于总面积的 75%”的合同义务，合同根本目的不能实现。另外，因案涉土地上的水井实际上无法正常使用，故原告亦存在根本违约情形。故综上，案涉租赁合同应予解除，被告应腾退土地。鉴于每年的 3 月 12 日为我国的植树节，考虑到被告在案涉土地上主要种植花木，为顺应自然规律、节约资源，法院酌定被告于 2019 年 4 月 1 日前将案涉租赁土地上种植的植物移除。若被告认为其有损失，因其在本案中未进行主张，可另行处理。

【案例点评】

本案中，原告与被告因种植管理协议产生纠纷，由于案涉土地上的水井实际上无法正常使用，原告存在违约。同时，被告亦未依约履行“蔬菜种植面积不得少于总面积的 75%”的合同义务，合同根本目的不能实现。合同约定中“甲乙双方如有违反合同者，本合同就此终止”，故案涉租赁合同应当终止。根据原《物权法》第 34 条（《民法典》第 235 条）“无权占有不动产或者动产的，权利人可以请求返还原物。”合同解除之后原告立即要将被告返还原物（R）的有关规定，支撑这种请求权的是权利人的物权受法律保护的原则（Pr），进而这种权衡被转化为民事权利（物权）受法律保护原则（Pr）与绿色原则（P）之间的权衡。本案中，法院认为，环境公共利益应当获得优先保护，以绿色原则合理推迟了合同解除后无权占有人返还原物的时间期限。

案例编号：LYGS/2018/002

案例编辑人：黄露莹

【典型案例 3】

陈某某与李某某土地租赁合同纠纷案[①]

2015 年 9 月 22 日，陈某某（以下简称“原告”）与李某某（以下简称“被告”）签订了一份租地合同，约定被告租用原告位于 X 县 T 镇的 3 组 3.12 亩土地，租赁期限为 13 年（2015 年 9 月 22 日至 2028 年 9 月 22 日），

---

① 四川省兴文县人民法院（2019）川 1528 民初 618 号民事判决书.

租赁费每年1 248元，先交费后使用，每年9月22日前将下一年租赁费以现金方式全部结清，承租人对租赁的土地资源享有进行改造、经营使用和收益的权利，同时约定承租人不按时交纳租赁费的，出租人有权解除租赁合同。被告租赁土地后，自2017年开始就出现未按合同约定的时间迟延支付租赁费的情况。原告遂诉请求法院判令解除原、被告签订的租地合同，同时要求被告退还租赁土地，对垮塌流失、破坏原貌的土地承担硬化加固和“还原”责任，并赔偿原告经济损失。被告辩称其无违约行为，本案所涉租赁土地本是土质堡坎，原本就没有加固设施，其行了加固以防止土地垮塌流失，尽到了合理利用义务。

法院认为，原告主张解除合同并退还租赁土地的诉讼请求符合法律规定和合同约定，应予以准许。但因被告租赁原告土地主要用于渔业养殖，其每年养殖具有养殖周期，且鱼属于鲜活农产品，具有不便于突然“清塘”、储藏、运输和销售的特殊性。因此，为减少损失、节约资源，维护农村农产品种、养殖秩序，确定原、被告签订的租地合同于2019年9月22日解除。对于原告主张被告对垮塌流失、破坏原貌的土地承担硬化加固和“还原”责任，并赔偿经济损失的诉讼请求，因原告提供的证据不足以证实被告未合理使用土地造成了土地垮塌流失和出租土地的原貌，也不足以证实其损失情况，故对原告的该诉讼请求不予支持。法院依照原《合同法》第6条、第93条、第97条，原《民法总则》第9条等规定，判决如原告与被告2015年9月22日签订的租地合同于2019年9月22日解除；被告于2019年9月22日将土地退还原告，驳回原告其他诉讼请求。

【案例点评】

本案中，被告租赁土地后，自2017年出现未按合同约定的时间支付租赁费的情况，构成违约。根据原告与被告合同的约定，承租人不按时交纳租赁费的，出租人有权解除租赁合同。原告有权请求被告退还租赁土地、对垮塌流失、破坏原貌的土地承担硬化加固和“还原”责任，并赔偿损失。依据原《合同法》第97条（《民法典》第566条），“合同解除后，尚未履行的，终止履行；已经履行的，根据履行情况和合同性质，当事人可以要求恢复原状、采取其他补救措施，并有权要求赔偿损失。”（R）可见，支撑原告请求权的是诚实信用原则。进而这种价值权衡被转化为诚实信用原则（Pr）与绿色原则（P）之间的权衡。本案中，法院认为环境公共利益应当获得优先保护，以绿色原则推迟原告解除合同权利行使的时间，以增加环境公共利益在个案中的实现。

案例编号：LYGS/2019/010

案例编辑人：黄露莹

2.3　解释方法探求

2.3.1　扩大解释

【知识点解读】

扩大解释，即通过对民事规范所涉的术语、条件等进行适当的扩张，以探求绿色原则对被解释之规范的适当调试。通常，扩大解释的目的是将规范文义所未能涵盖、但符合立法意图的内容包括进来，以实现最佳的法律适用效果。与绿色原则相冲突的民事规范，可能自身本就存在一些出于经济、效益等方面的考虑而作出的例外规定，只是没有以绿色原则的形式表现。此时，可以通过扩大解释的方法，对该例外规定作出符合绿色原则的解释，将节约资源、保护生态（环境）的做法包含进去，进而实现对规范文义的有益扩张。

【典型案例】

G 省 G 市 H 区 S 镇某经济合作社与邱某甲等五人农村土地承包合同纠纷案[①]

1986 年 12 月 5 日，G 省 G 市 H 区 S 镇某经济合作社与邱某甲签订《投荒地耕种合同书》，合同中约定由邱某甲承包某农用地种植果树，并支

① 广东省广州市中级人民法院（2019）粤 01 民终 14489 号民事判决书.

付承包款550元，承包期限为30年。后邱某甲与其子邱某乙、邱某丙、邱某丁、邱某戊等人（系合同的实际履行主体）向该经济合作社支付了30年的承包款550元，并在上述土地上种植了果树。承包期满后，邱某甲等人未将土地归还给该经济合作社，双方产生纠纷，某经济合作社遂诉至法院，请求判令邱某甲等人立即归还所承包的土地及清除清理所有树木。

法院认为，某经济合作社与邱某甲签订《投荒地耕种合同书》是双方当事人的真实意思表示，其内容未违反法律法规的强制性规定，合同成立有效，双方均应恪守履行。邱某甲等人在涉案土地上种植了果树，现承包期限已经届满，故该经济合作社请求邱某甲等人向其归还所承包的土地，合理有据，法院予以支持。至于该经济合作社请求邱某甲等人清理涉案地块上种植的树木，既不符合双方合同约定"使荒地变成果园，改变村庄风景，为后代有果树的理想，期满，土地及果树归回生产队投包"，又违反了"民事主体从事民事活动，应当有利于节约资源，保护生态环境"的原则，故法院不予支持。

【案例点评】

虽然该案对绿色原则的适用在形式上大致还算规范，但说理部分不够充分，也未能找到并援引裁判解决案涉民事纠纷可以依据的正确的核心民事规范。适用绿色原则处理该案更合理的解释技术路径，可借鉴贺剑博士评论某添附纠纷案所提之观点，考虑以绿色原则扩大解释《民通意见》第86条[①]，即以绿色原则将该条第3分句"不能拆除的，也可以折价归财产所有人，造成财产所有人损失的，应当负赔偿责任"中的"不能拆除"扩大解释为：包括虽能清除案涉土地所种植的树木，但因此等"拆除"发包方所获经济收益（无任何生态收益）远远低于所造成的承包方的经济损失与环境公共利益（即树木所能提供的生态服务价值）损失之和，故应视为

① 该条规定：非产权人在使用他人的财产上增添附属物，财产所有人同意增添，并就财产返还时附属物如何处理有约定的，按约定办理；没有约定又协商不成，能够拆除的，可以责令拆除；不能拆除的，也可以折价归财产所有人；造成财产所有人损失的，应当负赔偿责任。

“不能拆除”[①]。此即为对绿色原则规范解释适用的解释方法探求中采用“扩大解释”技术的典型案例。

案例编号：LYGS/2019/008

案例编辑人：竺效、钱昊

2.3.2　权利限缩

【知识点解读】

权利限缩，即以绿色原则缩小民事规范所包含的原有权利，以实现个案的私权与环保公益的平衡。民事主体的合法权益受法律保护是民法的一项基本原则，但是当民事权益与环境利益发生冲突时，需要进行合理的权衡。如果价值权衡的结果是公众的环境利益高于民事主体的私人利益，则有必要对合法的民事权益进行一定的限制，将原本属于民事主体的合法权益予以最低限度的限缩。当然，绿色原则对权利的限缩并不是随欲而为的，应符合比例原则的要求；其限缩也并非没有边界，而是要控制在合理的范围内，保证民事规范包含的核心权利受到保护。同时，对民事主体因权利限缩而遭受的不利益应以其他符合绿色原则的方式予以救济，以实现利益平衡。

【典型案例 1】

刘某甲与李某土地承包经营权纠纷案[②]

1998 年 1 月 1 日，李某承包 C 县 C 镇 3.68 亩土地，其中包括富民渠北 0.8 亩土地。2002 年，李某承包的富民渠北 0.8 亩土地开始由刘某甲的父亲刘某乙耕种，刘某乙去世后，该地块一直由刘某乙的儿子刘某甲耕种，该地现在已经由刘某甲种上了杨树和松树。但是，该地的政策性补贴一直由李某领取，李某认为刘某甲侵犯了其土地承包经营权，诉至法院，要求依法判令刘某甲返还其承包土地 0.8 亩。

---

① 贺剑. 绿色原则与法经济学. 中国法学，2019（2）.

② 河北省张家口市中级人民法院（2020）冀 07 民终 1533 号民事判决书.

一审法院判决刘某甲于判决生效后30日内移走种植在李某土地承包合同书中富民渠北0.8亩土地上的树木，返还李某该土地的承包经营权。刘某甲不服，提起上诉。

二审法院认为，一审判决刘某甲向李某返还案涉土地符合法律规定，但一审判决刘某甲将种植在李某承包地上的树木移走后再返还土地，因移走树木可能会对树木的成活率造成一定的影响，不利于物尽其用，会损害树木的生态价值功用，与相关民事法律规定的民事主体从事民事活动，应当遵循节约资源、保护生态环境的绿色原则相悖，故该移走树木后返还土地的判决结果不当，法院依法予以纠正。由于李某要求刘某甲返还的案涉土地上所种树木的所有权人为刘某甲，李某可在依法向刘某甲对案涉土地上所种树木进行经济补偿后，再由刘某甲向李某实际返还土地。

【典型案例2】

S市Y区W镇某业主委员会与曾某某业主知情权纠纷案[①]

被告S市Y区W镇某业主委员会（以下简称“被告”）系原告曾某某所在小区的业委会。2018年6月28日，S市Y区某业主大会发布《车辆电脑收费系统管理规定》，规定自2018年7月开始安装了智能电脑收费系统，并要求小区内车辆停放的审核由业委会进行，审核通过的车辆，由业委会发文允许物业保安按指定的车辆及价格收取停车费。2019年3月9日，原告至被告处办理小区停车位登记，因小区内现有车位已经登记满额，故原告进入排队登记系统。原告因对小区停车规定及收费标准存在异议，向S市Y区人民法院起诉，请求判令被告在小区公告栏里公布自2014年1月1日至2019年10月31日期间的下列情况及资料：（1）小区建筑物及其附属设施的维修资金的筹集、使用情况；（2）本届业主委员会所有决定、决议和会议记录、管理规约、业主大会议事规则；（3）本届业主委员会与物业公司之间的《物业服务合同》和共有部分的使用及收益情况；（4）小区停车费收支分配和车位处分情况；（5）本届业主委员会任期内的各年度财务

---

① 上海市杨浦区人民法院（2019）沪0110民初21189号民事判决书.

收支账目、收支凭证。

法院认为，业主作为建筑物区分所有权人，享有知情权，享有了解本小区建筑区划内涉及业主共有权及共同管理权等相关事项的权利，业主委员会应全面、合理公开其掌握的情况和资料。但是，业主行使知情权亦应有正当事由，不能滥用权利。该案中，被告对原告的诉求表示愿意协助、配合原告查阅诉请中的材料，且被告也曾对相关材料进行过张贴，现原告坚持诉请，要求被告将 2014 年 1 月 1 日至 2019 年 10 月 31 日期间被告处的所有材料均张贴在小区公告栏上，不符合情理，也有违经济原则。原告如对被告的具体某项工作方法或规定存在异议，可以通过合理途径进行解决，故法院对原告之诉请不予支持。

【典型案例 3】

王某某与 S 省某煤业有限责任公司、G 市 S 镇 L 村村委会恢复原状纠纷案[①]

2007 年 12 月 15 日，原告王某某与第三人 G 市 S 镇 L 村村委会签订了一份荒山绿化合同书，约定原告承包第三人元山、黑山、肖尖山等 2 460 亩荒山绿化任务，承包期限为 50 年。2010 年 9 月 25 日，原告与第三人在原有合同基础上又签订了《林地承包合同书》，将荒山承包期限变更为 70 年。2015 年 3 月 10 日，被告 S 省某煤业有限责任公司与第三人签订协议，约定被告在东沟荒地进行排矸造地作业（约定的排矸场地东面和南面有原告承包的荒山，被告在排矸过程中，所排矸石的东面和南面占用了原告所承包荒山的部分山坡）。2019 年 4 月，被告与 Y 县某园林绿化工程有限公司签订了绿化施工合同书，对被告已经排放的矸石进行绿化治理。2019 年 2 月 26 日，原告请求判令被告立即停止向原告承包的荒山上倾倒煤矸石，恢复原告所承包荒山原状，遂诉至一审法院。

一审法院认为，被告虽与第三人达成了向东沟荒地进行排矸的协议，但被告在排矸过程中未经原告同意，将煤矸石超范围排放在原告所承包的

① 山西省晋城市中级人民法院（2020）晋 05 民终 627 号民事判决书.

荒山山坡上，侵犯了原告所享有的承包经营权，故对原告要求被告恢复原告所承包荒山原状的请求予以支持。后原被告均不服一审判决，提起上诉。

二审法院认为，原审被告构成侵权，关于原审被告是否应当清除涉案荒山上的煤矸石，原《民法总则》第9条规定，民事主体从事活动，应当有利于节约资源、保护生态环境。根据原审被告提供的《绿化施工合同书》显示，其花费98万元对排矸荒山进行了复垦绿化。现荒山上的树木已被掩埋，客观上无法恢复原状，如再投入百万余元清除煤矸石，势必要先毁坏复垦绿化的植被，不仅造成98万元投入的浪费，更是对现有绿色生态环境进行再度破坏。既不符合保护生态的绿色原则，也不符合节约、有效、合理利用资源原则。综合考虑该案实际情况，以保持现状为宜，不宜采用恢复原状的侵权责任承担方式。原审判决清除煤矸石不当，应予纠正。

【案例点评】

上述三个案例都涉及绿色原则规范解释司法适用步骤中的“权利限缩”解释方法。案例1中，二审法院虽然以绿色原则对排除妨害物权请求权进行了限缩解释，限制以移走树木的方式行使权利，值得肯定，但是，法院没有进行利益平衡的考量，认为李某可在依法向刘某甲对案涉土地上所种树木进行经济补偿后，再要求返还土地，而未考虑李某因土地承包经营权被侵犯所遭受的财产损失，导致李某与刘某甲之间的利益失衡，有失公平。

案例2中，法院虽然援引了原《民法总则》第9条的规定，采用了绿色原则规范解释的司法技术，以绿色原则限制了业主要求业委会以大面积信息公示方式保障其知情权的做法，值得肯定，但是，在说理中却使用了“经济原则”一词，且说理不充分。从案件事实来分析，曾某某作为业主确实享有业主知情权，但是其要求业委会将掌管的全部信息材料均打印张贴在小区的信息公示栏上，既不现实，也会造成资源的浪费，额外产生墨盒、废纸等固体废物的非必要增量，显然与绿色原则所主张的保护环境、节约资源的要求相悖。况且被告业委会已经表示愿意协助、配合原告查阅诉请中的材料，且被告也曾对相关材料进行过张贴。因此，原告曾某某的知情权并不会因绿色原则权利限缩解释的适用而失去保障，故该个案无须进行利益平衡。

案例3中，二审法院以绿色原则限制了原审原告以清除已复垦绿化及煤矸石的方式恢复承包荒地原状，说理充分，但是在引用民事规范时未找到核心民事规范，即原《物权法》第35条（《民法典》第236条），属于识别民事规范错误。原《物权法》第35条规定了民事主体的物权受法律保护，权利人可以请求侵权人排除妨害。该案中，原告对涉案荒山享有土地承包经营权，被告将煤矸石超范围排放在原告所承包的荒山山坡上，侵犯了原告所享有的承包经营权。原告请求被告停止向荒山上倾倒煤矸石，恢复荒山原状，实际上就是要求被告排除对其物权的妨害。然而，鉴于被告已经花费大量资金进行了复垦绿化，恢复荒山原状既会导致自然资源的极大浪费，又可能造成生态、环境的二次破坏，因此，对原告的权利进行限制，并予以利益平衡，并无不当。

案例1编号：LYGS/2020/002
案例2编号：LYGS/2019/007
案例3编号：LYGS/2020/003
案例编辑人：钱昊、竺效

2.3.3　权利推迟

【知识点解读】

权利推迟，即虽承认民事规范所指向的权利，但推迟该权利实现的时间，以相对否定权利而言较小的损害换取绿色原则价值的实现的一种解释方法。权利推迟实现也是一种对权利的限制，实际上是对权利人的权利附加了时间上的条件。但是相较于否定权利，权利人的权利并没有消灭，只是暂时无法行使，即被暂时“冻结”而已。当阻止权利实现的因素消失后，权利人仍然可以行使其权利。所谓阻止权利实现的因素，就是指绿色原则所维护的环境公共利益。如果推迟权利实现的时间对权利人的影响不大甚至没有影响，但是对节约资源、保护生态（环境）具有重要意义，选择权利推迟的方式不失为一种可行之策。

【典型案例】

G自治区G市某银行与H省S市某城投公司、H省C市某环保公司侵权纠纷案[①]

2011年11月25日，H省某热电有限公司将原登记在其名下位于H省S市S区的三处土地使用权抵押给本案原告G自治区G市某银行。2013年1月29日，经G市X区人民法院判决，原告对上述土地使用权折价或者拍卖、变卖后所得价款享有优先受偿权。2015年12月28日，X区人民法院作出执行裁定，裁定将上述三宗土地及地上建筑物交付原告抵偿债务。原告持该裁定向S市国土资源局申请办理不动产权过户登记。S市国土资源局于2016年11月14日向原告颁发了不动产权证书。2016年1月28日，该热电公司与被告H省S市某城投公司签订了协议，约定把上述三宗土地中的一块交给被告城投公司用作两沟、两路渣土的弃土。2018年7月30日双方又签订协议，将该土地交给被告城投公司作为临时用地使用。被告城投公司将S区中改造建设项目的两沟、两路发包给被告H省C市某环保公司施工。被告环保公司在庭审中说明整个工程项目在2020年1月20日之前可以全部完成。原告在办理案涉土地及地上房屋的不动产权登记过程中发现被告城投公司占用其土地，便在取得不动产证权证后与被告城投公司和环保公司交涉，要求其立即停止在案涉土地上挖掘土方的施工行为。因被告城投公司和环保公司未停止施工，原告遂向法院提起诉讼。

法院认为，原告已于2016年11月14日取得了案涉土地的使用权，因此，原告有权要求被告停止在该土地上的施工行为。但因被告使用案涉土地系环保公益项目，根据原《民法总则》第9条“民事主体从事民事活动，应当有利于节约资源、保护生态环境”的规定，原告行使其权利应在合理范围内。考虑到该案的实际情况，可给予被告合理的时间，在完成工程项目后从原告的土地上拆除施工设施，把土地交还给原告。

---

① 湖南省邵阳市双清区人民法院（2019）湘0502民初2485号民事判决书.

【案例点评】

本案中，为了更好地解决绿色原则与原《物权法》第35条（《民法典》第236条）之间存在的冲突，法院首先承认原告基于抵押物的物权而享有主张排除妨害请求的权利，但考虑到案涉具有环保公益项目性质的建设工程即将完工，该工程对作为原告抵押权客体的土地的临时占有即将完成，推迟权利实现的有限期间并不会对原告的抵押权造成根本性的影响。所以，法院对原告就抵押物所享有的排除妨害物上请求权的救济实现时间，一改权利人依法主张时即实现的惯例，而以绿色原则适当推迟了该权利的实现。该案裁判对原告权利行使的一定推迟的措施，既保护了原告就原抵押物所享有的排除妨害的权利，又兼顾了绿色原则所提倡的保护环境的要求，实现了私人利益与环境公共利益冲突时的较优兼顾，值得肯定。

案例编号：LYGS/2019/004

案例编辑人：钱昊、竺效

2.3.4 义务延长

【知识点解读】

义务延长，即根据案涉民事规范，当事人的义务原本应终止，但这一义务终止将导致违背绿色原则的结果。为了解决个案中该民事规范与绿色原则的冲突，通过适当延长当事人义务的方式，保护绿色原则背后的环境公共利益，并尽量减少对另一方当事人原本享有民事权利的影响的一种解释方法。

【典型案例】

H省T市某村村民委员会诉郑某某土地承包经营权合同纠纷案[①]

2003年3月28日，H省T市某村村民委员会（以下简称为某村村委会）与郑某某签订《土地承包协议书》，约定某村村委会将位于小郑庄村村河东南苇场东头的涉案土地共144.95亩发包给郑某某；承包期限15年，自

① 河北省唐山市丰润区人民法院（2020）冀0208民初1420号民事判决书.

2003年3月28日起至2018年3月28日止；承包费每亩每年80元，共计173 940元，于合同签订当日一次性交清。协议第5条约定“承包期满后，乙方不得以任何借口拒绝归还经营权。承包期满后，恢复承包地原貌”。第6条约定“承包期间，乙方在地块上投入的固定资产归乙方所有，期满后自行拆除或由甲方适当作价”。2018年3月28日承包期满后，郑某某未归还某村村委会土地、未将涉案土地恢复原状。某村村委会、郑某某经过磋商未就延包事宜达成一致。现涉案土地附着物为郑某某在承包期内栽植的杨树，均为成长期幼树。某村村委会向法院提出诉讼请求，要求郑某某停止侵害，立即返还某村村委会位于丰润区的土地；同时要求郑某某排除妨碍，将涉案144.95亩土地恢复原状；还要求郑某某自2018年3月29日起按每亩每年400元赔偿某村村委会损失至涉案土地返还之日止。

法院认为，某村村委会、郑某某所签土地承包协议合法有效，双方均应全面履行。在合同关系终止后，郑某某依法应当将涉案土地返还某村村委会。某村村委会所诉郑某某恢复土地原状，郑某某提出了涉案土地上林木无法处置的抗辩事由，该抗辩事由合理，法院予以采信。涉案土地上的林木已经形成规模，具有气候、环保等社会效益，应予必要的保护，在未成材之前不宜采伐；待树木成材之后采伐需要林业部门的审批，不属于法院民事案件的受理范围，涉案林木可待相关裁判文书生效、某村村委会重新发包后另行解决。某村村委会、郑某某在法院主持调解中达成350元/亩/年的承包价格比较符合本地同类地块正常承包价，郑某某应按照此价格赔偿某村村委会自2018年3月29日至实际返还之日止的占地损失。法院判决郑某某返还某村村委会涉案土地144.95亩并以350元/年/亩的价格（50 732.50元/年）赔偿某村村委会占地损失。

【案例点评】

在本案中，承包经营合同届满后，某村村委会本可依据原《合同法》第235条（《民法典》第733条）“租赁期间届满，承租人应当返还租赁物。返还的租赁物应当符合按照约定或者租赁物的性质使用后的状态”的规定，要求返还原物，即合同终止后不再负有继续将土地交于郑某某使用的义务。

但考虑到案涉土地上被告种有树木，“在未成材之前不宜采伐”，所以判决将某村村委会原本不再负有的将土地交于郑某某使用的义务延长至林木成材后。其中引入绿色原则重新解释原有民事规范的具体方法属于“义务延长”，就是以绿色原则延长了合同届满后土地所有人的合同义务。另外值得一提的是，法院在作出判决时进行了利益平衡，判决被告对原告给予了相应的补偿。

案例编号：LYGS/2020/004

案例编辑人：竺效、李政

2.3.5　权利否定

【知识点解读】

权利否定，即案涉民事纠纷本可适用的裁判民事规范，当事人的某项请求权会与绿色原则的价值冲突，有损环境公共利益的实现，因此通过对个案中案涉民事规范所指向的当事人的某种权利予以否定，以实现绿色原则所指向的价值。但相比前述各节所讨论的各种解释方法而言，这种方式可能对当事人的损害比较大，需要进行比例原则的必要性评价和利益平衡的合理性考量。

【典型案例】

G 省某农场诉梁某某土地承包经营权合同纠纷案①

梁某某是 G 省某农场的职工，梁某某与某农场于 2004 年 4 月 14 日签订《某农场土地承包合同书》，约定某农场将土地 13.51 亩发包给梁某某经营，发包期从 2004 年 1 月 1 日至 2021 年 12 月 31 日，每年的土地承包费按当年农场经营方案规定收取。合同签订后，某农场依约发包土地，梁某某在发包的土地上生产经营。2004 年 4 月至 2011 年 9 月，某农场未制定书面的农场经营方案。2011 年 9 月 28 日，某农场制定并实施了《某农场内部管理方案》，方案规定了岗位土地承包费标准以及抵扣规则。经某农场测量，梁某某实际承包

① 广西壮族自治区来宾市中级人民法院（2019）桂 13 民终 611 号民事判决书.

的土地面积是 26.66 亩。2008 年后，梁某某有多年未交纳土地承包费，截至 2018 年 10 月 31 日，梁某某尚欠某农场土地承包费18 852.4元。某农场向法院提起诉讼，请求解除合同书，并由被告清除承包地上种植物，将承包的土地全部交还原告，支付土地承包费及给付资金占用利息。

一审法院判决：(1) 解除某农场与梁某某于 2004 年 4 月 14 日签订的《土地承包合同书》；(2) 梁某某于本判决生效之日起 30 日内清除 26.66 亩承包地上种植的作物，将承包的 26.66 亩土地全部交还；(3) 梁某某于本判决生效之日起 10 日内向某农场支付土地承包费 18 852.4 元（承包费计至 2018 年 10 月 31 日）及资金占用利息（以 18 852.4 元为基数，按中国人民银行同期贷款基准利率计算，从 2017 年 1 月 1 日起计至付清承包费之日止）；(4) 驳回某农场的其他诉讼请求。梁某某不服该判决，提起上诉。

二审法院认为，涉案土地上已经有梁某某种植并进入成熟期的果树、桂花树和药用植物等经济作物，解除合同并要求梁某某归还涉案土地、铲除上述植物，不利于实现节约资源、保护生态环境，亦对梁某某不公平。因此，某农场以梁某某尚欠土地租金为由解除涉案合同的理由不充分，法院不予支持，涉案合同不应予以解除，一审对此处理有误，二审法院予以纠正。至于梁某某向某农场支付尚欠的租金，根据二审中梁某某的陈述和查明的该案事实，梁某某对于支付尚欠的涉案土地租金 18 852.4 元没有异议，予以认可并愿意通过抵扣其应得的前述流转费用来径行支付，故亦应当支付相应的资金占用费给某农场。

【案例点评】

本案中，某农场依据原《合同法》第 94 条第 3 项“当事人一方迟延履行主要债务，经催告后在合理期限内仍未履行；……”的规定享有合同解除权，但二审法院考虑到“涉案土地上已经有上诉人种植并进入成熟期的果树、桂花树和药用植物等经济作物，解除合同并要求上诉人归还涉案土地、铲除上述植物，不利于实现节约资源、保护生态环境”，以绿色原则限制了违反合同付款主要义务且经催告仍不履行一方的合同相对方之合同解除权。这属于一种典型的“权利否定”的解释方法，以此方法导入绿色原则以个案改变原《合同法》第 94 条第 3 项在该案的适用。但该案的不足之处在于未进行恰当的比例原则评判和充分的利益平衡考量。

案例编号：LYGS/2019/012

案例编辑人：竺效、李政

2.3.6　突破限制

【知识点解读】

突破限制，即案涉民事纠纷的解决如简单适用已有的民事规范，会导致与绿色原则价值相违背的结果，因此对案涉民事规范原本限制或禁止的主张，以绿色原则说理后予以个案突破，以保护绿色原则背后的环境公共利益保护的价值。

【典型案例】

温某、李某、S省J市某酒店公司诉S省J市老干部活动中心租赁合同解除纠纷案①

2009 年 5 月 1 日，温某等与 S 省 J 市老干部活动中心（以下简称为老干部中心）签订了《某酒店承包合同》，合同约定：承包范围为某酒店；承包后，温某自主经营、自负盈亏，独立承担一切经济和民事责任；承包期限为自 2009 年 5 月 1 日起至 2018 年 4 月 30 日止，共 10 年；温某每年需上交承包费 85 万元。合同履行期间，双方租金结清至 2016 年 4 月 30 日，应在 2015 年 5 月 1 日前交的 2016 年 5 月 1 日起至 2017 年 4 月 30 日的租金未付。2016 年 5 月 23 日，被告以温某未按时交纳承包金为由，向温某送达了解除承包合同的通知，温某对该通知进行了签收。事后，因温某未返还酒店及支付相关费用，老干部中心于 2016 年将温某等诉至法院，一审法院判令温某、李某、某酒店公司拆除、带走其投资未形成附合的装饰装修物，老干部中心补偿温某、李某、某酒店公司 2 951 371.3 元。

二审法院认为，实际取得添附物的所有人应当基于公平原则向实际添附

① 山西省高级人民法院（2020）晋民终 57 号民事判决书.

行为人予以补偿。虽然该案中所涉及的添附物灯具、马桶、门等均可移动、拆卸，但由于其设计和安装均是基于酒店的运营，若强行拆卸必然导致添附物失去其应有的物品价值，也必然造成社会资源的浪费。一审法院适用《城镇房屋租赁合同司法解释》第10条的规定，要求对于投资未形成附合的装饰装修物，在判决生效后拆除、带走的认定，将造成社会资源的浪费。另结合涉案租赁物并未达到合同约定期限，该部分物品仍能继续利用的实际，根据原《民法总则》第6条、第9条的规定，予以补偿。原一审法院认定拆除、带走不妥，应予以纠正。故二审法院改判老干部中心补偿温某、李某、S省J市某酒店公司对其投资未形成附合的装饰装修物价值1 017 495元。

【案例点评】

在本案中，解决争议的核心民事规范是《城镇房屋租赁合同司法解释》第11条第2项："承租人经出租人同意装饰装修，合同解除时，双方对已形成附合的装饰装修物的处理没有约定的，人民法院按照下列情形分别处理：……（二）因承租人违约导致合同解除，承租人请求出租人赔偿剩余租赁期内装饰装修残值损失的，不予支持。但出租人同意利用的，应在利用价值范围内予以适当补偿；……"该条明确规定了导致合同解除的违约承租人无权请求出租人赔偿剩余租赁期内装饰装修残值损失，一审法院正是据此作出了判决。但是二审法院认为，对于残存之装饰装修一审法院认定拆除后带走不妥，有违绿色原则的规定，应予以纠正，实际是以绿色原则突破了违约承租人装修残值补偿请求的一般性禁止，但显然法院并未充分说理。

案例编号：LYGS/2020/012

案例编辑人：李政

2.3.7 标准细化

【知识点解读】

标准细化，即案涉民事纠纷裁判解决可能适用的民事规范存在较为笼统的法律规定，对民事规范原本笼统或原则规定的内容，根据绿色原则之精神予以合理或具体的个案解释，以实现民事规范与绿色原则在个案中的平衡，并保护环境公共利益。

【典型案例】

中国人民解放军某部队与J省W市某苗木专业合作社土地租赁合同纠纷案[1]

2011年，中国人民解放军某部队（以下简称为解放军某部队）与J省W市某苗木专业合作社（以下简称为某苗木合作社）签订《承包协议书》一份，载明某苗木合作社承包解放军某部队位于某农场区域内土地面积计328亩。2014年，解放军某部队与某苗木合作社又签订《承包协议书》一份，该份协议与上述2011年签订的《承包协议书》内容格式基本一致。在上述协议之前，2003年1月8日，解放军某部队与喻某某（某苗木合作社法定代表人）亦签有《土地承包合同》一份，约定：喻某某承租解放军某部队土地282亩，实际结算面积275亩，承包土地必须以种植水稻为主。该合同第6条约定：承包期内，如因上级要求或部队建设需要，甲方需要征用乙方承包区域土地时，甲方应提前半年通知乙方，乙方根据甲方要求的时间，退出所征用的土地；甲方根据实际情况，在经济上确实造成损失的，可按国家征用土地的有关条款对乙方进行补偿。

2016年2月，中央军委发布《关于军队和武警部队全面停止有偿服务活动的通知》，该通知要求军队和武警部队全面停止一切有偿服务活动。凡已到期的对外有偿服务合同不得再续签，能够协商解除军地合同协议的项目立即停止。2016年12月20日，解放军某部队以其试验场名义，向某苗木合作社发送《关于促请尽快完成军用土地退租清理工作的函》，该函载明：因中央军委关于军用土地租赁的政策调整原因，我部上级单位（解放军某部队）与贵单位于2007年签订的土地租赁协议应当予以解除。此后，因双方就迁出方式及补偿事宜未能达成一致，某苗木合作社尚未支付自2015年1月1日之后的租赁费用，亦未迁出，解放军某部队诉至法院。

[1] 江苏省无锡市滨湖区人民法院（2017）苏0211民初6406号民事判决书.

法院经审理后认为，考虑涉案场地面积较大，苗木销售需要一定的市场需求，异地迁移亦需要合适的足够体量的土地，对季节因素要求亦较高。结合W地区实际情况，在一定范围内短时间找到适合土地确有困难。就现有苗木尚生长在涉案土地的客观情况，需考虑其经济价值及较大的生态价值。在党中央、国务院特别强调“抓好决胜全面建成小康社会三大攻坚战”的当下，大面积毁林行为不仅违反民法总则所要求的“有利于节约资源、保护生态环境”的立法原则，也与中央精神相违背。另外，考虑到中央军委通知要求部队完成任务的时间紧迫性和重要性，涉案场地尚存苗木应作原地保留处理为宜，由某苗木合作社将苗木作为土地附着物一并交还解放军某部队。交还后，关于苗木部分，由解放军某部队折价补偿。因《资产评估报告》就相应苗木系按市场价进行的评估，考虑到大批量苗木市场交易机会较为稀缺且大批量交易价格偏低，另外，解放军某部队传达中央军委政策较为及时，某苗木合作社在长达近三年的时间里，应当能够将尚剩余苗木更多地销售处理掉。故而，法院酌定解放军某部队按《资产评估报告》估价数额的80%对某苗木合作社进行补偿，补偿金额计为11 567 920元。

【案例点评】

在本案中，案涉纠纷原本可适用的原《合同法》第235条（《民法典》第733条）规定：“租赁期间届满，承租人应当返还租赁物。返还的租赁物应当符合按照约定或者租赁物的性质使用后的状态。”二审法院考虑涉案场地面积较大，苗木销售需要一定的市场需求，异地迁移亦需要合适的足够体量的土地，对季节因素要求亦较高。结合W地区实际情况，在一定范围内短时间找寻适合土地确有困难。就现有苗木尚生长在涉案土地的客观情况，考虑其经济价值和较大的生态价值，最终决定改判该项争议，以绿色原则合理细化解释了租赁物返还“符合租赁物的性质使用后的状态”，并据以驳回了解放军某部队请求判令某苗木合作社立即迁出并向其返还承租的农场内的场地的诉请。

案例编号：LYGS/2017/003

案例编辑人：李政

2.4　比例原则考量

2.4.1　比例原则概述

【知识点解读】

传统上，比例原则是宪法、行政法评价公权力运用正当性的重要原则。将该原则推广应用于私法领域，甚至法律原则司法适用的全领域，并上升至法理学层面予以理论揭示，其实早已有之。陈景辉教授就曾主张将比例原则作为法律原则司法适用的限制性条件之一，并借鉴阿列克西纯粹原则冲突的标准理论，建议将“比例原则及其三项子原则：适切性原则、必要性原则与狭义的比例原则”纳入考虑。假定针对权衡原则 P1 与 P2 冲突，或民事规范 R 与绿色原则 P 之间的冲突转化为权衡规范背后支撑的原则 Pr 与 P 之间的冲突，陈景辉教授对比例原则应予考量的学理解答是：“适切性关注的是，所选择的手段不能在未增加原则 P1 实现程度的条件下，引发对原则 P2 的限制；必要性关注的是，在多个手段中如何做出较佳的选择，即最佳的举措是在实现一个原则时，对另一个原则限制最小的选择”；“而狭义的比例原则不同于以上两个原则，它不再关心手段的问题或事实上的可能性，而是关注法律上的可能性，即关注与某一原则对立的另一原则”，其要求符合对于一个原则“限制程度的提高，应当以另一原则实现的重要性程度的增强为正当化理由”，“如果相反，那么对于前一原则的限制就是不适当的”①。

【典型案例 1】

H 省 C 市蔬菜技术推广站诉某月季生态产业发展有限公司返还财产纠纷案②

2017 年 1 月 15 日，H 省 C 市蔬菜技术推广站（以下简称“推广站”）

---

① 陈景辉. 原则、自由裁量与依法裁判. 法学研究，2006（5）：121－137.

② 河北省沧州市运河区人民法院（2018）冀 0903 民初 3332 号民事判决书.

与某月季生态产业发展有限公司（以下简称“某公司”）签订《合同书》。合同约定：2017 年 1 月 15 日至 2019 年 12 月 31 日期间，推广站向某公司出租蔬菜示范园区。推广站负责为乙方提供生产、生活所必需的条件。某公司拥有土地经营权，主要用于蔬菜种植（面积不得少于总面积的 75%），允许种植少量其他农作物。双方如有违反合同者，合同终止，违约者负责由此产生的一切经济损失。同年 8 月 18 日，推广站向某公司送达通知书，告知 C 市审计局审计报告中提出其未种植蔬菜，请求其整改。2018 年 5 月 16 日，双方签订《〈土地租赁合同书〉的补充协议》，修改租赁期限为 2017 年 5 月 31 日至 2020 年 5 月 30 日，原合同其他部分继续有效。因某公司种植蔬菜面积未达 75%，同年 6 月 11 日，推广站向某公司送达《终止协议通知书》，通知某公司解除租赁协议，要求其于 2018 年 7 月 11 日前拆除自行建造的生产辅助设施和迁移地上种植作物，将协议项下的全部土地及附属物腾退完毕并交付。某公司在收到通知书后，未腾退完毕及交付。推广站遂向法院诉请解除合同，由被告某公司立即从其蔬菜示范园区腾退完毕，并支付经济损失。

法院认为，根据诚实信用原则，被告租赁土地，应当支付租赁费，故支持原告要求被告支付租赁费的诉讼请求。根据合同约定，原告负有提供生产、生活所必需的条件的义务，而现租赁土地上的水井实际上无法正常使用，故原告存在违约，依约租赁合同应终止；且租赁土地上的蔬菜种植面积不足 75%，合同根本目的不能实现。故租赁合同应予解除，被告应腾退土地。鉴于每年的 3 月 12 日为我国的植树节，考虑到被告在土地上主要种植花木，为顺应自然规律、节约资源，法院酌定被告于 2019 年 4 月 1 日前将租赁土地上种植的植物移除。若被告认为其有损失，因其在该案中未进行主张，可另行处理。最终，法院判决解除《合同书》及《〈土地租赁合同书〉的补充协议》，还同时判令被告于 2019 年 4 月 1 日前从租赁土地腾退完毕，并于租赁土地腾退完毕后 10 日内向原告支付租金，租金自 2018 年 5 月 31 日起至实际腾退完毕之日止。

【案例点评】

本案是体现绿色原则规范解释适用中“比例原则考量”适用步骤的典型案例。

本案中，法院裁判错误引用规范。法院依据原《合同法》第 93 条关于合同约定解除以及第 94 条关于合同的法定解除的规定作出判决。实际上，被告未依约种植租赁土地上的蔬菜种植面积达 75%，违反了合同的主要义务。法院引用的规范应仅为原《合同法》第 94 条第 4 项：“有下列情形之一的，当事人可以解除合同：……（四）当事人一方迟延履行债务或者有其他违约行为致使不能实现合同目的”。该案中，合同解除后，被告无权占有原告的财产。原《物权法》第 34 条（《民法典》第 235 条）规定：“无权占有不动产或者动产的，权利人可以请求返还原物。”原告得以向被告行使返还原物权请求权。本案中，法院考虑到每年的 3 月 12 日为我国的植树节，而被告在案涉土地上主要种植花木，为顺应自然规律、节约资源，故要求被告于植树节后合理期限内返还原物，系以绿色原则合理推迟合同解除后无权占有人返还原物的时间，符合比例原则。此外，法院裁判要求被告于案涉租赁土地腾退完毕后 10 日内向原告支付租金，系以租金平衡守约方利益，也做到了利益平衡。

案例编号：LYGS/2018/002

案例编辑人：竺效、吴琳

【典型案例 2】

刘某甲、刘某丁诉刘某乙、刘某戊排除妨碍纠纷案[①]

刘某甲、刘某乙、刘某丙、刘某丁四人系兄弟姐妹，刘某戊系四人的父亲。刘某戊与其妻子卓某（已于 1974 年去世）1953 年在 B 市 Y 区某村建有房屋三间。经某村村民委员会证明该房屋系危房且无法居住，2016 年 7 月，刘某乙将涉案房屋的窗户、瓦、炕拆除，刘某戊目前在某村租赁房屋居住。2018 年 5 月 7 日，刘某甲、刘某丁向法院提起诉讼要求刘某乙恢复

① 北京市延庆区人民法院（2018）京 0119 民初 5651 号民事判决书.

原状。诉讼中，法院又追加刘某戊为被告、刘某丙为第三人参加该案诉讼。

法院认为，民事主体的合法权益应当受到保护，民事主体从事民事活动亦应当符合相关法律的规定。根据原《民法总则》第9条之规定，民事主体从事民事活动应当有利于节约资源、保护生态环境。该案中，刘某乙所拆除的涉案房屋已经被认定为危房且无法居住，从节约资源、保护生态环境的角度出发，将涉案房屋恢复原状已无必要且会造成资源的浪费，即使恢复原状，涉案房屋也无法居住。因此，对原告刘某甲、刘某丁要求被告刘某乙将位于B市Y区某村的北房三间恢复原状的诉讼请求，法院不予支持。另外，刘某戊目前在某村无固定住所，只能租赁本村村民的房屋居住。刘某甲、刘某丙、刘某乙、刘某丁作为刘某戊的子女均对刘某戊具有赡养义务，鉴于目前刘某戊的基本居住已成问题，刘某甲、刘某丙、刘某丁、刘某乙理应互相协商合理解决父亲刘某戊的居住问题，这也是《婚姻法》以及《老年人权益保障法》有关家庭成员互相扶持及成年子女对年老父母赡养的基本要求。法院依照《民法总则》第9条之规定，判决驳回原告刘某甲、刘某丁的诉讼请求。

【案例点评】

本案是体现绿色原则规范解释适用的步骤四即比例原则考量的典型案例。

本案中，法院裁判未指明解决案涉民事纠纷所应适用的民事规范。经分析可知，该案中与绿色原则价值存在冲突的民事法律规范应是原《物权法》第35条（《民法典》第236条）："妨害物权或者可能妨害物权的，权利人可以请求排除妨害或者消除危险。"刘某乙将刘某戊房屋的窗户、瓦、炕拆除，刘某甲、刘某丁作为利害关系人可以提出恢复原状的请求。本案中，法院裁判考虑到被告所拆除的涉案房屋已经被认定为危房且无法居住，将涉案房屋恢复原状已无必要且会造成资源的浪费，即使恢复原状涉案房屋也无法居住，遂引用绿色原则条款，以绿色原则限制了原告以恢复原状方式行使排除妨害请求权。经分析推理可知，原告权利的限制有利于节约资源，体现了适切性子原则的要求；完全不予恢复危房相比部分恢复，只有采用前者才能彻底避免资源浪费，这符合必要性子原则的精神，同时也符合狭义比例原则。因此，仅就比例原则考量而言，该案以绿色原则限制原告本可主张的以恢复原状的方式排除妨害的权利，符合比例原则。但法院也应结合案情考虑是否需要，及如何给予原告的利益损失以平衡性补偿。

案例编号：LYGS/2018/003

案例编辑人：竺效、吴琳

【典型案例3】

郭某某诉魏某甲委托合同纠纷案[①]

2009年5月19日，郭某某与魏某甲共同签订种植管理协议，内容为：魏某甲与郭某某因土地纠纷，经双方同意达成意见，河堤南边地所种蒜、麦由郭某某收获，收获后，从2009年夏季以后由魏某甲种植管理，见证人魏某乙、魏某丙。2014年12月25日，S县人民政府颁发了农村土地承包经营权证，显示承包方代表人为郭某某。该土地承包经营权证载明的土地，与郭某某、魏某甲协议土地为同一块土地。现该土地已被魏某甲耕种上小麦，小麦尚未成熟。郭某某遂向法院诉请解除种植管理协议，并由被告魏某甲返还原告郭某某承包田。

法院认为，根据《农村土地承包法》第22条："承包合同自成立之日起生效。承包方自承包合同生效时取得土地承包经营权"及第23条第1款："县级以上地方人民政府应当向承包方颁发土地承包经营权证或者林权证等证书，并登记造册，确认土地承包经营权"的规定，郭某某依法提交了农村土地承包经营权证，该证书载明承包方代表人为郭某某，故郭某某家庭对涉案土地依法享有土地承包经营权。根据原《合同法》第396条和第410条的规定，对郭某某要求解除种植管理协议的诉求应予支持。原《民法总则》第9条规定：民事主体从事民事活动，应当有利于节约资源、保护生态

① 山东省单县人民法院（2017）鲁1722民初4794号民事判决书.

环境。郭某某虽可随时解除委托管理协议，但要求返还涉案土地，理应在土地上农作物成熟前的合理时间内通知魏某甲，现涉案土地已被魏某甲耕种上小麦，小麦尚未成熟，如果此时要求魏某甲返还土地，不利于节约资源，综合本案的实际情况，应在小麦收割完毕后予以返还，考虑小麦的收割时间及夏季耕种时间，魏某甲于2018年6月20日前将涉案土地承包经营权返还郭某某较为适宜。最终，法院判决解除种植管理协议，并由魏某甲于2018年6月20日前将涉案土地返还郭某某承包经营。

【案例点评】

围绕原告的诉讼请求而言，本案符合绿色原则规范解释适用的比例原则考量要求。原《合同法》第410条（《民法典》第933条）规定："委托人或者受托人可以随时解除委托合同。因解除合同给对方造成损失的，除不可归责于该当事人的事由以外，应当赔偿损失。"另外，原《合同法》第97条（《民法典》第566条）规定："合同解除后，尚未履行的，终止履行；已经履行的，根据履行情况和合同性质，当事人可以要求恢复原状、采取其他补救措施，并有权要求赔偿损失。"基于此，郭某某作为委托人拥有合同任意解除权；但涉案土地已被魏某甲耕种上小麦，法院以绿色原则限制了原告解除合同后原本可要求被告立即返还土地的权利，直至小麦成熟。这一对原告权利的限制有利于小麦避免因立即返还土地而"夭折"，有利于节约资源，并间接有利于小麦所在区域的局域生态系统的短时维护，符合适切性子原则；若不延迟土地返还直至小麦成熟，则无法实现前述节约资源的直接效益和生态保护的间接效益，体现了必要性子原则；而无须通过完全否认原告的解除合同权利，因为以否定合同任意解除权增加对原告权利的限制，并不会增加可预见的环境公共利益维护，因此，将限制的"度"止于延长返还土地直到小麦成熟，符合狭义比例原则的要求。因此，本案的裁判符合绿色原则规范解释适用步骤四——比例原则考量的技术要求。

案例编号：LYGS/2017/004

案例编辑人：竺效、吴琳

【典型案例 4】

郜某甲与郜某乙排除妨害纠纷案[①]

1986 年前后，郜某甲的叔父郜某丙将属于自己的承包地出租给某供销社职工。某供销社购买木房一栋并移至该地，后该宗地及木房空置多年。2017 年 4 月 12 日，经郜某甲申请调处，J 县某街道办作出了处理决定，认为争议地的所有权归某村四组农民集体所有，使用权归某村四组村民郜某甲，该争议地上的建筑物（木房）是某村五组村民郜某乙向某供销社购买，属郜某乙所有。郜某甲、郜某乙及 J 县某街道办事处某村四组均没有申请行政复议及向人民法院提起行政诉讼，该决定已生效。郜某甲要求郜某乙拆除该宗土地上属于郜某乙的木房，而郜某乙以该宗地其已购买为由不同意拆除。郜某甲遂诉至法院，请求判令拆除郜某乙侵占郜某甲宅基地上的建筑物以及清除堆放在郜某甲宅基地四抵范围内的物品。

一审法院认为：案涉地块土地使用权，已经人民政府处理确定归郜某甲享有。郜某乙未经郜某甲同意，占用其部分宅基地，属于侵权行为。但建房行为并非一时完成，郜某甲放任郜某乙继续建房，至房屋已建成后才提起诉讼，有维权不及时的可咎之处。原《民法总则》第 9 条规定："民事主体从事民事活动，应当有利于节约资源、保护生态环境"，可见法律倡导当事人的诉讼请求应当遵循节约资源原则。鉴于郜某乙的房屋已经建成，而占用郜某甲的宅基地面积很小，如对郜某乙的房屋予以拆除，则损失较大，势必对社会资源造成浪费，因此郜某甲请求恢复原状的救济方式已失去最佳的时机，应选择请求由郜某乙赔偿损失的救济方式为宜，故郜某甲请求郜某乙拆除侵占其宅基地上的房屋，一审法院不予支持。郜某甲不服一审判决，提起上诉。二审法院同样认为拆除建筑物不利于社会资源节约和生态环境的保护，判决驳回上诉，维持原判。

【案例点评】

本案判决未能符合绿色原则规范解释适用的比例原则考量要求。

---

① 贵州省黔东南苗族侗族自治州中级人民法院（2020）黔 26 民终 2722 号民事判决书.

本案中，一审法院识别案涉民事纠纷解决可适用的民事规范错误。郜某甲诉请拆除郜某乙侵占其0.5米宅基地上的建筑物，一审法院引用绿色原则说理认为，拆除则对“社会资源造成浪费”，并针对此项诉请依据原《民法总则》第9条和原《侵权责任法》第3条、第15条，判决驳回原告此项诉请。其实，详细探究后可以发现，根据郜某甲的诉请和理由，该案纠纷解决适用的法律依据应是原《物权法》第35条（《民法典》第236条）：“妨害物权或者可能妨害物权的，权利人可以请求排除妨害或者消除危险”，而非原《侵权责任法》第15条第1款第5项：“承担侵权责任的方式主要有：……（五）恢复原状”。此案与绿色原则产生冲突的民事规范应是原《物权法》第35条。

一审法院裁判“同意”建筑物留在郜某甲部分宅基地上，限制了本该适用于案涉纠纷解决的原《物权法》第35条（R），其背后价值来源于民事权益受法律保护原则（Pr）。权衡原《物权法》第35条（R）与绿色原则P之间的冲突，可转化为权衡民事权益受法律保护原则（Pr）与绿色原则P之间的冲突。对此，法院裁判并未进行合理的比例原则考量，法院裁判所选择的建筑物留在郜某甲部分宅基地上的措施（M1）对R及Pr的限制，较改采法官在案件审理中向当事人释明变更诉请为赔偿损失，以使建筑物留在郜某甲部分宅基地上但郜某乙向郜某甲赔偿损失的措施（M2）对R及Pr的限制而言，M1造成的限制显然大于M2。比较可知，M2<M1，相对于法院裁判所采用的M1，存在对R及Pr限制更小，但同样可以增加幅度相当的绿色原则（P）价值实现的M2。因此，法院裁判不符合比例原则的必要性子原则，并可进一步判断为该裁判措施具有不符比例原则考量的嫌疑。

案例编号：LYGS/2020/005

案例编辑人：竺效、吴琳

2.4.2 适切性子原则

【知识点解读】

适切性子原则要求，裁判选定的某一具体措施或方案对民事规范及其背后的原则之限制，必须有助于提高绿色原则的实现程度。

【典型案例】

汪某某诉钟某某无权占有物返还纠纷案[①]

2009年12月17日，原告汪某某购买了H省C市W区某路某号楼601房（以下简称“601号房屋”）。购买后，房屋呈毛坯房状态空置。2017年3月22日，钟某某与黄某签订了《C市存量房买卖合同》，约定钟某某购买黄某所有的H省C市W区某路某号楼603号房屋（以下简称“603号房屋”）。黄某向钟某某交付了房屋钥匙（601号房屋）。2017年9月，钟某某入住系争房屋（601号房屋）并交纳了相应的物业费，开通了煤气水电和有线电视。2018年3月15日，汪某某前往601号房屋查看时发现钟某某一家居住在房屋内，遂产生纠纷。汪某某向法院提起诉讼，请求被告钟某某归还房屋，承担恢复原状的费用，房屋交接当日将水、电、燃气等费用结清并过户或销户，支付占用期间的房屋使用费。

法院查明，黄某所有的房屋为H省C市W区某路某号楼603号，汪某某所有的房屋为H省C市W区某路某号楼601号。现钟某某所居住的房屋（601号房屋）系黄某装修并交付给钟某某。法院认为，汪某某系601号房屋的所有人，依法享有占有、使用、收益和处分的权利，钟某某依法应当将该房屋返还给汪某某。关于汪某某要求钟某某恢复原状的诉讼请求，因现在601号房屋已经被装修，装修后的财物与房屋已经混合，如果将其分离拆毁，势必将造成资源的浪费，从经济、环保和物的合理、有效利用的角度考虑，不宜将该房屋恢复原状。关于汪某某要求钟某某支付占用期间的房屋使用费的诉讼请求，在该案中，黄某错误交付致使钟某某占有601号房屋，钟某某属于善意占有。原《物权法》第243条规定：“不动产或者动产被占有人占有的，权利人可以请求返还原物及其孳息，但应当支付善意占有人因维护该不动产或者动产支出的必要费用。”现汪某某要求钟某某支付占用期间的房屋使用费，可以视为该房屋的孳息，但考虑到汪某某还应当支付钟某某因维护该房屋支出的必要费用，相互抵销后，钟某某不必支付

---

① 湖南省常德市武陵区人民法院（2018）湘0702民初1134号民事判决书.

占用期间的房屋使用费，汪某某也不必支付钟某某因维护该房屋支出的必要费用。最终，法院判决钟某某于判决生效之日起10日内搬离601号房屋，房屋交接当日将水、电、燃气等费用结清并过户或销户。

【案例点评】

本案是将比例原则中的适切性子原则应用于绿色原则规范解释适用的典型案例。

原《物权法》第243条（《民法典》第460条）规定："不动产或者动产被占有人占有的，权利人可以请求返还原物及其孳息，但应当支付善意占有人因维护该不动产或者动产支出的必要费用。"根据该案裁判当时应适用的物权法的相关规定，原告作为房屋所有人具有基于物权妨害排除的恢复原状请求权；被告作为无权占有人具有返还义务，作为善意占有人还具有对原告的必要费用返还请求权。本案中，法院经审理认为，案涉汪某某所有的601号房屋已经被钟某某因中介误将租赁房屋错交承租人的情况下予以装修，"装修后的财物与房屋已经混合，如果将其分离拆毁，势必将造成资源的浪费，从经济、环保和物的合理、有效利用的角度考虑，不宜将该房屋恢复原状"，"汪某某要求钟某某支付占用期间的房屋使用费，可以视为该房屋的孳息，但考虑到汪某某还应当支付钟某某因维护该房屋支出的必要费用，相互抵销后，法院认为钟某某不必支付占用期间的房屋使用费，汪某某也不必支付钟某某因维护该房屋支出的必要费用"。

法院认为，被告因第三人原因错误入住相邻房屋并装修属于善意占有，故以绿色原则限制原告基于物权妨害排除的恢复原状请求，无须拆除装修，并由原告支付必要的房屋维护费，应由被告支付房屋使用费，两者相互抵销。可见，本案中对原告基于原《物权法》第243条（R）及其背后的民事权益受法律保护原则（Pr）的限制，显然有助于绿色原则（P）所指向之价值的实现。因此，本案裁判符合适切性子原则。

案例编号：LYGS/2018/005

案例编辑人：竺效、吴琳

2.4.3　必要性子原则

【知识点解读】

必要性子原则要求，如果存在多个可供选择的限制措施或规范重新解释的具体方案，虽为增加绿色原则价值的实现程度，但也应选择对与之矛盾的民事规范及其背后的价值造成最小的限制之措施或方案。

【典型案例 1】

某街道办事处某社区居民委员会诉王某某土地承包经营合同纠纷案[①]

2015 年 10 月 9 日，某居委会与王某某签订《农村土地承包经营权出租合同》一份，约定某居委会将约 200 亩土地（原孙某承包种植苗木地块）出租给王某某从事农业生产经营，出租期限为 9 年，自 2015 年 10 月 18 日起至 2024 年 10 月 17 日止。合同签订后，某居委会将涉案土地交付给王某某经营，王某某未按约定足额支付租金，截止至 2019 年 4 月 17 日，王某某仅支付租金 62 207 元，尚欠租金 342 554.28 元，某居委会多次索要未果，遂诉至法院，请求解除《农村土地承包经营权出租合同》，由被告王某某支付土地租金，同时返还土地并恢复原状。

法院查明，王某某在涉案土地上经营 N 省某农业科技发展有限公司，前期场地平整、搭建构筑物、种植苗木，投入较大。法院认为，王某某使用某居委会的土地，应当按约支付相应租金。王某某迟延履行给付租金的义务，经某居委会催告后在合理期限内仍未履行，某居委会可以解除合同。但该案中，王某某在承租的土地上投入大量的成本，合同解除、恢复原状将给其造成巨大的损失，也会造成严重的资源浪费，不利于社会经济秩序稳定和发展，故结合涉案土地实际状况及王某某的特殊情况，法院判令双方签订的承包合同暂不予解除，王某某应及时委托他人对已投入的资产妥善经营管理，及时支付拖欠租金。原告某居委会的部分诉讼请求符合法律规定，法院予以支持。最终，法院判决被告王某某于判决生效之日起 10 日

---

① 江苏省南京市六合区人民法院（2019）苏 0116 民初 5324 号民事判决书.

内给付原告某街道办事处某社区居民委员会租金，驳回原告某街道办事处某社区居民委员会的其他诉讼请求。

【典型案例2】

梁某某与某农场土地承包经营合同纠纷案[①]

梁某某是某农场的职工，梁某某与某农场于2004年4月14日签订《某农场土地承包合同书》，约定某农场将土地13.51亩发包给梁某某经营，发包期从2004年1月1日至2021年12月31日，每年的土地承包费按当年农场经营方案规定收取。合同签订后，某农场依约发包土地，梁某某在发包的土地上生产经营。2004年4月至2011年9月，某农场未制定书面的农场经营方案。2011年9月28日，某农场制定并实施了《某农场内部管理方案》，方案规定了岗位土地承包费标准以及抵扣规则。经某农场测量，梁某某实际承包的土地面积是26.66亩。2008年后，梁某某有多年未交纳土地承包费，截至2018年10月31日，梁某某尚欠某农场土地承包费18 852.4元。某农场向法院提起诉讼，请求解除合同书，并由被告清除承包地上种植物，将承包的土地全部交还原告，支付土地承包费及给付资金占用利息。

一审法院判决解除合同，由梁某某于判决生效之日起30日内清除26.66亩承包地上种植的作物并将土地全部交还，由梁某某于判决生效之日起10日内向某农场支付土地承包费及资金占用利息。梁某某不服一审判决，提起上诉。

二审法院认为，根据双方约定和涉案农场内部管理方案的规定，被上诉人主张的涉案土地租金完全可以通过涉案农场内部管理方案的规定和双方均已实际认可的抵扣予以保障，且被上诉人事实上也已经进行了部分抵扣，解除合同并非保障被上诉人合法权益的必须路径。另外，涉案土地上已经有上诉人种植并进入成熟期的果树、桂花树和药用植物等经济作物，解除合同并要求上诉人归还涉案土地、铲除上述植物，不利于实现节约资源、保护生态环境，亦对上诉人不公平。因此，被上诉人以上诉人尚欠土

① 广西壮族自治区来宾市中级人民法院（2019）桂13民终611号民事判决书.

地租金为由解除涉案合同的理由不充分，法院不予支持，涉案合同不应予以解除。至于上诉人向被上诉人支付尚欠的租金，根据二审中上诉人的陈述和查明的该案事实，上诉人对于支付尚欠的涉案土地租金 18 852.4 元没有异议，予以认可并愿意通过抵扣其应得的前述流转费用来径行支付，故亦应当支付相应的资金占用费给被上诉人，一审对此判决正确，应予维持。

【案例点评】

上述两个案例的共性是未将比例原则中的必要性子原则合理应用于绿色原则规范解释适用的司法过程。

原《合同法》第 94 条第 3 项规定："有下列情形之一的，当事人可以解除合同：……（三）当事人一方迟延履行主要债务，经催告后在合理期限内仍未履行。"据此，案例 1 中，王某某迟延履行给付租金的义务，经某居委会催告后在合理期限内仍未履行，某居委会具有法定解除权；而案例 2 中，梁某某于拖欠某农场土地承包费 18 852.4 元，经某农场催告后在合理期限内仍未履行，某农场具有法定解除权。

案例 1 中，某居委会诉请解除《农村土地承包经营权出租合同》，由被告王某某支付土地租金，以及返还土地并恢复原状。法院认为，"王某某在承租的土地上投入大量的成本，合同解除、恢复原状将给其造成巨大的损失，也会造成严重的资源浪费，不利于社会经济秩序稳定和发展"，以绿色原则限制了违反合同付款主要义务经催告仍不履行的合同相对方本应依原《合同法》第 94 条第 3 项所享有的合同解除权。案例 2 中，某农场一审诉请判令解除双方土地承包经营合同，并由梁某某清除承包地上的种植物，一审法院判决解除合同并由梁某某清除 26.66 亩承包地上种植的作物；二审法院则认为，"涉案土地上已经有上诉人种植并进入成熟期的果树、桂花树和药用植物等经济作物，解除合同并要求上诉人归还涉案土地、铲除上述植物，不利于实现节约资源、保护生态环境，亦对上诉人不公平"，二审裁判进而以绿色原则限制了违反合同付款主要义务经催告仍不履行的合同相对方本应依原《合同法》第 94 条第 3 项所享有的合同解除权。

案例 1 的一审裁判以及案例 2 的二审裁判所选择的处置措施，均属完全否定合同守约方的合同解除权方案（M1），相对于承认合同解除权但为了实现绿色原则的价值暂时推迟返还承包经营土地这一备选方案（M2）而言，显然后者对守约方依据原《合同法》第 94 条第 3 项（R）及其背后的诚信原则（Pr）所造成的个案限制相对更小。即比较可知，M2＜M1，相对于两案裁判所采用的 M1，存在对 R 及 Pr 限制更小但同样可以增加相当数量的绿色原则（P）价值实现的 M2。

因此本书认为，上述两案裁判所用的限制措施不符合必要性子原则的要求。就案例 1 而言，也许可以改为采用判决解除双方合同，但适当延长义务，待案涉土地上的构筑物、苗木通过环保方式移走后再行返还土地，前期已进行平整的场地无须恢复。就案例 2 而言，也许可以改为采用判决解除双方合同，但适当延长义务，待案涉土地上已种植的植物当季收成或实现价值后再行返还土地，并应同时考虑到诉讼程序法的要求，由法院向该案一审原告释明可以另案起诉要求补偿土地延迟返还的损失或增加诉请。当然也需指出，对于果树而非水稻之类的植被，果树可能无法通过延迟一季长成期实现全部价值，此时应考虑判决合同解除并立即返还，但土地上的种植物无须清除，并应综合考虑违法性、资产价值等因素由受益方合理补偿。

案例编号 1：LYGS/2019/011

案例编号 2：LYGS/2019/012

案例编辑人：竺效、吴琳

2.4.4　狭义比例子原则

【知识点解读】

狭义比例子原则要求，就裁判拟采用的具体限制措施或规范解释方案，须先行预测或评估，对民事规范及其背后支撑的原则所采取之限制的增加，应以绿色原则价值实现的同步增加为正当性前提，一旦出现或存在随着限制的增加反而出现绿色原则价值停止增加或减少的情况，就应不采取该措施或方案，或者应将具体措施或方案的限制程度止步于绿色原则价值不再增加或降低的那个点位。

【典型案例】

梁某某诉黄某某排除妨害纠纷案[①]

梁某某为G省Z市某镇某管理区某土地的土地使用者，其于1998年取得集体土地使用证。梁某某与黄某某系邻居，梁某某称黄某某的父母多年前在上述土地上种植了一株苹婆树，后因该树逐渐长大，对梁某某的房屋采光造成了严重影响，梁某某多次要求黄某某砍伐树木，黄某某均予以拒绝。梁某某提供的照片显示，案涉树木位于梁某某房屋的南向，两者距离较近。经梁某某申请，Z市某测绘工程有限公司进行了测绘，并出具《某镇梁某某用地图》，载明：梁某某用地根据集体土地使用证所附的图纸红线尺寸和面积得出，争议苹婆树在梁某某用地红线范围内。双方协商未果，梁某某遂于2019年3月14日诉至法院，请求被告黄某某停止侵权、排除妨碍，被告在判决生效后5天内将种植在原告宅基地范围内一株苹婆树砍伐，并由其承担砍伐费用。

法院认为，该案系排除妨害纠纷。案涉苹婆树归黄某某所有，地图已明确案涉苹婆树在梁某某用地红线范围内，且确实影响了梁某某房屋的采光。根据原《物权法》第35条“妨害物权或者可能妨害物权的，权利人可以请求排除妨害或者消除危险”之规定，梁某某作为案涉土地使用权人，有权要求黄某某排除妨害。梁某某主张黄某某将案涉树木砍伐，根据原《民法总则》第9条“民事主体从事民事活动，应当有利于节约资源、保护生态环境”之规定，案涉树木已种植多年，如果将其砍伐不利于资源的保护及有效利用，违背了物尽其用、保护环境的社会价值导向。且砍伐案涉树木并非排除妨害的唯一途径，将案涉树木搬离梁某某的用地红线范围即可。最终，法院判决被告黄某某于判决发生法律效力之日起30天内搬离种植在原告梁某某位于Z市某镇某管理区的土地用地红线范围内的苹婆树，驳回原告梁某某的其他诉讼请求。

---

① 广东省中山市第一人民法院（2019）粤2071民初6555号民事判决书.

【案例点评】

本案是将比例原则中的狭义比例子原则恰当应用于绿色原则规范解释适用的典型案例。

本案中，被告父母生前在原告所有的宅基地上种植一株苹婆树，树龄超过30年。审理法院认为，原告作为案涉土地使用权人，有权要求被告排除妨害。原告主张被告将案涉树木砍伐本无不当，但根据原《民法总则》第9条之规定，“案涉树木已种植多年，如果将其砍伐不利于资源的保护及有效利用，违背了物尽其用、保护环境的社会价值导向。且砍伐案涉树木并非排除妨害的唯一途径，将案涉树木搬离梁某某的用地红线范围即可”，并裁判以绿色原则限制原告以砍伐树木的方式排除宅基地妨害的请求权。

本书认为，法院为了使绿色原则（P）指向的价值得以实现，采取限制本该适用于案涉纠纷解决的原《物权法》第35条（R）及其背后的民事权益受法律保护原则（Pr）的措施——树木留在该案原告宅基地的措施（M1）对R及Pr的限制，较之于将案涉树木移植出原告宅基地的措施（M2）对R及Pr的限制而言，M1造成的限制显然大于M2；但比较可见，随着M2转向M1所随之增大的对原告的限制，案涉树木存活（假设移植后能存活且存活后的环境公益相当）所能给生态、环境带来的公益，即绿色原则（P）价值的实现程度不会随之增加。

因此，可以发现，没有必要在不增加P的情况下，将M2“升级”成M1，即通过增加对原告宅基地及其排除物权妨害的请求权予以限制的程度，不会提高绿色原则价值的实现程度，从而可以从反向验证并坚定裁判者的抉择的正确性。所以，相比而言，本案采取树木异地移植的措施符合狭义比例原则。

案例编号：LYGS/2019/005

案例编辑人：竺效、吴琳

第3章　绿色原则规范解释司法适用的基本要求

3.1　利益平衡

3.1.1　利益平衡概述

【知识点解读】

在民事案件的规范解释适用中，绿色原则的导入往往会对当事人的权利构成限制，造成当事人之间的利益失衡，此时法官应结合违法性、违约性、便利双方、符合程序法规范等因素进行适当、充分的利益平衡，这就要求法官在绿色原则规范解释适用中“加载”开展利益平衡的意识。

利益平衡的前提条件是出现双方利益失衡，然而并非任何可能的影响均构成开启利益平衡的理由，只有当这种影响成为现实时，法官才需考虑利益平衡。法官应当慎用利益平衡的权力，防止因不当干预导致的利益不平衡加剧。利益平衡可以通过不同的手段实现，但无论何种手段都应当同时满足合法且合理的要求。利益平衡手段的合法性是指法官进行利益平衡应当于法有据。实体上，法官适用绿色原则限制当事人权利或加重当事人义务后，应当首先考虑利用现行法律规范上的规定平衡受益人和受损人之间的关系，比如添附制度[①]、占有制度[②]等；程序上，《民事诉讼法》第 13 条第 2 款规定，“当事人有权在法律规定的范围内处分自己的民事权利和诉讼权利”，考虑到该程序规则对案件审理的约束，法院可通过释明变更诉请、释明另案起诉等其他间接利益平衡方式予以平衡。无论如何，无视原告诉讼请求，径直按照法院的设想“凭空”进行利益平衡的就可能构成“判非所请”，这样的程序错误应当避免。除合法性要求外，利益平衡还应当符合合理性的标准，这对法官提出了更高的要求。具体而言，利益平衡的合理性是指在引用绿色原则导致暂时的利益失衡之后，法官应当尽可能综合全案情况，将应当纳入考虑范围的因素加以权衡与评价，进而获得适当与充分的利益平衡结果。其中，适当性侧重于构建利益平衡手段与目的之间“质”的联系，充分性则解决两者在“量”方面的匹配。

【典型案例 1】

G 省 F 市某股份经济合作社与陆某甲、陆某乙物权保护返还原物民事诉讼案[③]

2013 年 3 月 15 日，G 省 F 市某股份经济合作社（以下简称“原告”）与陆某甲（以下简称“被告”）签订《鱼塘承包合同书》，双方约定由被告承包原告位于 F 市 S 区某鱼塘，承包期限自 2013 年 2 月 19 日起至 2019 年 12 月 31 日止。2020 年 1 月 15 日，F 市某中心在原告的申请下对上述鱼塘开展公开竞投，以陆某丙为最终投得者。原告之后与陆某丙签订了上述鱼塘的土地承包经营权流转合同，双方约定 2020 年 1 月 1 日至 2024 年 12 月 31 日期间的每年承包款为 28 080 元（每月 2 340 元）。第三人陆某乙（以下简称“第三人”）未经原告准许在案涉鱼塘投放鱼苗开始养殖，同时在鱼

① 如《民法典》第 322 条规定：“因加工、附合、混合而产生的物的归属，有约定的，按照约定；没有约定或者约定不明确的，依照法律规定；法律没有规定的，按照充分发挥物的效用以及保护无过错当事人的原则确定。因一方当事人的过错或者确定物的归属造成另一方当事人损害的，应当给予赔偿或者补偿。”

② 如《民法典》第 460 条规定：“不动产或者动产被占有人占有的，权利人可以请求返还原物及其孳息；但是，应当支付善意占有人因维护该不动产或者动产支出的必要费用。”

③ 广东省佛山市三水区人民法院（2020）粤 0607 民初 2622 号民事判决书.

塘内放置了三台增氧机并增设了铁网。而且第三人投放的鱼苗需养殖至2020年12月31日前才可出售，如提前退出鱼塘会造成经济损失。经原告交涉，第三人未向原告返还鱼塘。因此，原告向G省F市S区人民法院提起诉讼，请求判令被告与第三人立即将案涉鱼塘按原状返还给原告并连带赔偿自2020年1月1日起至实际返还鱼塘之日止的鱼塘占用费（按每月2 340元计算，暂计至2020年5月31日为11 700元）。

针对原告对被告的请求，法院认为，根据原告通过某中心重新发包的事实，可以推定原告已按期收回案涉鱼塘，被告合同义务已经履行完毕。关于第三人是否应承担相关法律责任，法院首先认为第三人占有使用案涉鱼塘的行为构成侵权，依法应向原告承担返还财产的侵权责任。然而，考虑到“第三人已在案涉鱼塘中投入鱼苗及设施，鱼苗需养殖至2020年12月31日前才可出售”，“如强令其提前返还鱼塘必然造成较大的经济损失和资源浪费，不符合我国民法所倡导的‘绿色原则’”，法院判令第三人于2020年12月31日前向原告返还案涉鱼塘，同时应“清拆塘内的增氧机、铁网等设备设施，并作干塘处理”。关于赔偿损失的问题，法院则支持原告所诉请的“第三人以每月2 340元为标准，赔偿自2020年1月1日起至实际返还鱼塘之日止的占用损失”，判决驳回要求被告承担赔偿损失的请求。

【典型案例2】

白某甲、白某乙与白某丙、白某丁

物权保护排除妨害民事诉讼案①

2008年5月20日，原告白某甲、白某乙（以下简称“原告”）对位于Y省K市M乡某小组糯作房背后的116.20亩林地取得使用权。在原告的上述林地范围内，被告白某丙的父亲白某戊种植约3亩土地多年，后由被告白某丙种植，被告白某丙户口迁出村小组后将土地交给被告白某丁继续管理种植至今，被告白某丁在该土地内现种植有玉米，该土地上还有被告白某丙种植，现由被告白某丁管理多年的31棵核桃树，已挂果3年左右。经

① 云南省开远市人民法院（2019）云2502民初1375号民事判决书.

与被告交涉无果后，原告白某甲、白某乙据此向Y省K市人民法院起诉，请求判决被告将侵占的约3亩林地返还给原告，并清除被侵占林地上的所有种植物。

针对原告的请求，法院首先确认本案原告为涉案土地的用益物权人。根据《物权法》第4条[①]和第35条的规定[②]，原告有权请求排除妨害，要求被告清除占用林地上的所有种植物。然而，法院引用原《民法总则》第9条规定，针对土地上种植的玉米，由于被告“在土地上种植的玉米已经长高，在年底前可以收成”，“待收成完玉米后再返回土地给原告方”，原告不得妨碍被告对种植的玉米进行管理。针对被告所种植的核桃树，考虑到被告“种植管理的31棵核桃树已经种植多年，树木已经长大，争议地块性质为林地，如果将核桃树清除有损生态环境，且浪费资源”，判决“被告在本年度对31棵核桃树收成后，31棵核桃树归原告所有，原告方支付补偿款给被告方”。补偿款数额由法院酌情确定为6 000元。

【典型案例3】

N自治区M市某房地产开发有限公司与赵某、王某房屋买卖合同解除民事诉讼案[③]

原告N自治区M市某房地产开发有限公司（以下简称“原告”）与被告赵某、王某（以下简称“被告”）双方口头订立关于M市H区某小区1＃121、1＃122、1＃133室的房屋买卖合同。2010年10月7日，赵某向被告交付共10万元房款。2011年4月1日，原告向被告交付上述房屋钥匙。2016年8月3日，原告与被告签订《民事和解协议》，协议约定了房款交纳的内容。由于被告一直未向原告交纳全部房款，原告向H区法院起诉，请求判令解除原告与被告签订的房屋买卖合同，同时被告应当返还上述房屋，

---

① 原《物权法》第4条规定：“国家、集体、私人的物权和其他权利人的物权受法律保护，任何单位和个人不得侵犯。”《民法典》第3条也规定：“民事主体的人身权利、财产权利以及其他合法权益受法律保护，任何组织或者个人不得侵犯。”

② 原《物权法》第35条（《民法典》第236条）规定：“妨害物权或者可能妨害物权的，权利人可以请求排除妨害或者消除危险。”

③ 内蒙古自治区呼伦贝尔市海拉尔区人民法院（2018）内0702民初1343号民事判决书.

且将房屋恢复原状，并由被告支付原告房屋租金损失143 015元。被告二人为夫妻关系，向法院提出反诉请求，要求被告返还装修款，根据法院委托的评估机构所提供的评估报告，装修款估值为42 276元。

法院确认原、被告双方一致同意解除上述合同，根据是原《合同法》第97条，“合同解除后，尚未履行的，终止履行；已经履行的，根据履行情况和合同性质，当事人可以要求恢复原状、采取其他补救措施，并有权要求赔偿损失”。对于原告将涉案房屋恢复原状的请求以及被告主张返还装修款42 276元的反诉请求，法院引用原《民法总则》第9条，认为民事主体从事民事活动，应当有利于节约资源、保护生态环境。“涉案房屋为住宅，赵某、王某依据评估结论主张新荣基公司退还涉案房屋装修款42 276元，其主张更符合民事主体从事民事活动，应当遵循的基本原则，即绿色原则。故法院对新荣基公司主张赵某、王某将涉案房屋恢复原状的诉讼请求不予支持，对赵某、王某主张其公司退还装修款42 276元的反诉请求予以支持。”关于原告主张的房租损失，法院认为在2016年8月3日《民事和解协议》签订前，“双方对合同的履行方式约定不明确，在一定程度上造成合同履行不能，故对于双方在2016年8月3日前的损失，法院均不予维护”。最后，法院判令被告向原告支付房租损失51 171.07元。

【典型案例4】

中国人民解放军某部队与J省W市某苗木专业合作社土地租赁合同民事诉讼案①

2011年，中国人民解放军某部队（以下简称“原告”）与J省W市某苗木专业合作社（以下简称“被告”）签订土地租赁合同，载明期限为3年，即从2011年1月1日起至2013年12月31日止。2014年，原告与被告又签订《承包协议书》一份，该份协议期限为自2014年1月1日起至2014年12月31日止。被告在租赁的三百余亩土地上陆续培植各类苗木。截至起诉时，尚有十余万株大小不等的各类苗木生长于涉案土地。

① 江苏省无锡市滨湖区人民法院（2017）苏0211民初6406号民事判决书.

2016年2月，中央军委发布通知，要求自通知下发之日起，凡已到期的对外有偿服务合同不得再续签，能够协商解除军地合同协议的项目立即停止。2016年12月20日，原告向被告发送函件要求其迁出，但双方就迁出方式及补偿事宜未能达成一致，被告亦未迁出场地。因此，原告向J省W市B区法院（以下简称“法院”）提出诉讼请求，请求判令被告立即迁出并向其返还承租的某农场内的场地，包括将苗木自行迁出。被告则提出反诉，请求判令原告赔偿其各项经济损失，其中，根据双方均认可的评估报告，苗木价值为1 445.99万元。

法院引用原《合同法》第235条，租赁合同终止后，“承租人应当返还租赁物。返还的租赁物应当符合按照约定或者租赁物的性质使用后的状态”。原告有权请求被告迁出并返还土地，但一方面，“考虑涉案场地面积较大，苗木销售需要一定的市场需求，异地迁移亦需要合适的足够体量的土地，对季节因素要求亦较高。结合W地区实际情况，在一定范围内短时间找寻适合土地确有困难。就现有苗木尚生长在涉案土地的客观情况，考虑其经济价值及极大的生态价值。”另一方面，“大面积毁林行为亦违反民法总则所要求的‘有利于节约资源、保护生态环境’的立法原则。”此外，“考虑到中央军委通知要求部队完成任务的时间紧迫性和重要性”，法院认为，“涉案场地尚存苗木应作原地保留处理为宜”，同时由被告“将苗木作为土地附着物一并交还原告”。交还后，关于苗木部分，由原告折价补偿。关于补偿数额，考虑到“大批量苗木市场交易机会较为稀缺且大批量交易价格偏低，另外，原告就中央军委政策的传达较为及时，被告在长达近三年的时间里，应当能够将尚剩余苗木再更多地销售处理掉一部分”，法院酌定原告按《资产评估报告》估价数额的80%的比例对被告进行补偿，补偿金额为11 567 920元。

【案例点评】

上述四个案例体现了适用绿色原则限制当事人权利后造成了暂时的利益失衡，法院运用赔偿损失、改变财产归属、给予补偿等方式平衡上述因绿色原则导入而暂时失衡的利益。

案例1与案例2中玉米种植的部分涉及权利延迟的解释方法。无论是案例1还是案例2中的原告，依据原《物权法》第34条（《民法典》第235条）或第35条（《民法典》第236条）享有立即请求返还原物或排除妨碍的权利，然而法院利用绿色原则推迟实现上述物权权利，直到案例1中鱼塘里的鱼苗“可出售”或案例2中林地上的玉米“收成”完毕。为了平衡绿色原则重新解释原有民事规范以适用后的暂时的利益失衡，法院在案例1中支持原告请求赔偿自占有日起至实际返还鱼塘之日的租金损失；而在案例2中，由于原告没有主张赔偿林地租金损失，考虑到民事诉讼规则的约束，法院在推迟原告权利实现之日时无法同时判决被告赔偿相应的租金损失，但法院可以释明原告增加诉讼请求或另行起诉求偿，以达到利益平衡的目的。

案例2中与核桃树相关判决部分，以及案例3和案例4所运用的解释方法各异，涉及原告请求排除妨害、恢复原状或者按照“符合租赁物的性质使用后的状态”返还租赁物，然而，法院都限制了上述权利，驳回了原告清除土地或房屋上相关附着物的请求，并判决上述附着物归属于原告，这都体现了绿色原则的规范解释适用路径。在此基础上，法院判令对受损一方给予补偿正是对原被告之间的利益衡平，而判决“适当”补偿则是对补偿的一种限制，以防止利益平衡“过度”反而导致失衡的结果。值得注意的是，在案例2中，法院以绿色原则限制原告请求清理其土地上被告种植的核桃树的权利，并判令在被告对本年度核桃树收成后，核桃树归原告所有，同时原告支付被告一定补偿款。事实上，被告没有明确提出反诉请求原告支付核桃树的价款，判决书中“原、被告双方对核桃树的价值无法达成共识”的字样似乎表明法院有就核桃树补偿一事向被告进行释明，但法院的行为仍然无可避免地应遭到“判非所请”的质疑，正确的做法是进行必要的释明。

关于补偿额的确定，案例2中法院并没有就核桃树补偿额的计算进行论证，仅提及“酌情”确定6 000元，裁判文书显示，诸如可能存在的延迟返还土地造成的原告租金损失以及被告管理土地所付出的成本等相关因素并未被纳入法官考量范围。案例3中的法院则是以绿色原则限制原告房地产公司在房屋买卖合同解除后请求恢复原状的权利，判令房屋装修残值归原告所有，原告支付被告一定数额的补偿款，在确定补偿款时是以评估专业机构提供的装修残值估值为依据的，该方式基本合理。案例4中，法院基于绿色原则驳回原告土地权利人在土地租赁合同权利义务终止后清除作为承租人的被告所种植苗木的请求，并判决苗木归原告所有，法院在确定原告应支付被告的补偿额时，在评估意见的基础上考虑到案件具体情况，比如交易机会较为稀缺、大批量交易价格偏低以及被告处置苗木的情况与能力，按照评估总额的80%确定本诉原告给被告的补偿额，较为合理。

案例编号1：LYGS/2020/001

案例编号2：LYGS/2019/006

案例编号3：LYGS/2018/006

案例编号4：LYGS/2017/003

案例编辑人：康杨洁羽、竺效

3.1.2 无须利益平衡

【知识点解读】

利益平衡要求绿色原则导入后若存在双方利益失衡，则应结合违法性、违约性、便利双方、符合程序法规范等因素进行适当、充分的利益平衡。由此，利益平衡的前提条件是出现双方利益失衡，且只有当这种影响成为现实时，法院才需考虑利益平衡的必要。如若法院在不存在利益失衡的情况下施加利益平衡的手段，不仅缺乏必要性，而且可能会构成对原有民事法律关系的不当干预，导致利益不平衡加剧。至于什么样的影响是现实的，何种利益失衡需要被纠正，对该类问题的回答应当坚持个案判断的原则，要求法院在施加利益平衡手段前都不能忽视对利益平衡必要性的论证。

【典型案例1】

梁某某与黄某某物权保护排除妨害民事诉讼案[①]

梁某某（以下简称“原告”）于1998年取得G省Z市某地的集体土地

① 广东省中山市第一人民法院（2019）粤2071民初6555号民事判决书.

使用证。梁某某与黄某某（以下简称“被告”）系相邻关系。被告的父母多年前在上述土地上种植了一株苹婆树。后因该树逐渐长大，对原告的房屋采光造成了严重影响，原告多次要求被告砍伐树木，被告均予以拒绝。2019 年 5 月 13 日，梁某某向 Z 市第一人民法院书面提出对案涉苹婆树是否在原告土地红线范围内进行测量的申请。法院予以准许，并由双方协商一致确定的机构进行测绘。根据测绘结果，争议苹婆树在原告用地红线范围内。因双方协商未果，原告遂于 2019 年 3 月 14 日诉至本院，主张被告停止侵权、排除妨碍，并责令被告在判决生效后 5 天内将种植在原告土地范围内的苹婆树砍伐，并由被告承担砍伐费用。

法院认为，根据原《物权法》第 35 条的规定，原告作为案涉土地使用权人，有权要求黄某某排除妨害。然而，针对原告主张的被告将案涉树木砍伐，“根据《民法总则》第 9 条‘民事主体从事民事活动，应当有利于节约资源、保护生态环境’之规定，案涉树木已种植多年，如果将其砍伐不利于资源的保护及有效利用，违背了物尽其用、保护环境的社会价值导向。且砍伐案涉树木并非排除妨害的唯一途径，将案涉树木搬离梁某某的用地红线范围即可”，法院最终判决被告于判决生效之日起“三十天内搬离种植在原告位于 Z 市某地的用地红线范围内属于被告所有的苹婆树”，并驳回原告的其他诉讼请求。

【典型案例 2】

昝某某等与 S 省 C 市某业主委员会业主知情权民事诉讼案①

昝某某、兰某某、田某某、张某、刘某某、杨某、何某（以下简称“上诉人”）系某小区业主。上诉人于 2019 年 1 月 17 日向 S 省 C 市 Q 区法院起诉，请求 S 省 C 市某业主委员会（以下简称“被上诉人”）在小区的公示栏中和进出口等显著位置公示专项维修资金的筹集使用情况、业主大会或者业主委员会的决定、小区业主共有部分收益情况等多项信息。一审法院认为，“业主知情权是业主基于其作为建筑区划内的区分所有人在全体

① 四川省成都市中级人民法院（2020）川 01 民终 5371 号民事判决书.

区分所有人组成的共同体中的成员地位所取得的固有权利。"根据《建筑物区分所有权司法解释》第13条之规定①，上诉人作为业主有权要求某业委会公开其所持有或掌握的应当公开且尚未公开的情况和资料。鉴于目前部分材料已交由上诉人查阅，且物业通过业主群上传电子材料的方式符合法律规定的公示方式，具有合理性和可操作性，未通过张贴公告等方式公开的信息无须再进行公示。

上诉人不服Q区法院判决上诉至C市中院，二审法院确认一审法院已经查明的事实，并认为案件争议的焦点是："业主知情权中公示的范围和方式"。二审法院引用《民法总则》第9条的规定②，认为"除法律、行政法规规定应当由业主委员会公布的决议、合同等外，应当考虑节约成本，不造成浪费，因此，业主正当的知情权应当主要以查阅的方式保护，事无巨细的一律张贴公布无疑大大增加不必要的成本，实际这些成本最终也是全体业主共同负担，上诉人已经查阅了相关资料后还要求以张贴的方式公布，有违法定节约原则"，因此二审法院驳回上诉，维持原判。

【典型案例3】

原告曾某某与被告S市Y区某业主委员会业主知情权民事诉讼案③

被告S市Y区某业主委员会（以下简称"被告"）系原告曾某某所在小区的业委会。2018年6月28日，S市Y区某业主大会发布《车辆电脑收费系统管理规定》，规定自2018年7月开始安装了智能电脑收费系统，并要求小区内车辆停放的审核由业委会进行，审核通过的车辆，由业委会发文

---

① "业主请求公布、查阅下列应当向业主公开的情况和资料的，人民法院应予支持：（一）建筑物及其附属设施的维修资金的筹集、使用情况；（二）管理规约、业主大会议事规则，以及业主大会或者业主委员会的决定及会议记录；（三）物业服务合同、共有部分的使用和收益情况；（四）建筑区划内规划用于停放汽车的车位、车库的处分情况；（五）其他应当向业主公开的情况和资料。"

② 《民法总则》第9条规定："民事主体从事民事活动，应当有利于节约资源、保护生态环境。"

③ 上海市杨浦区人民法院（2019）沪0110民初21189号民事判决书.

允许物业保安按指定的车辆及价格收取停车费。2019年3月9日，原告至被告处办理小区停车位登记，因小区内现有车位已经登记满额，故原告进入排队登记系统。原告因对小区停车规定及收费标准存在异议，向S市Y区人民法院起诉，请求判令被告在小区公告栏里公布自2014年1月1日至2019年10月31日期间的下列情况及资料：（1）小区建筑物及其附属设施的维修资金的筹集、使用情况；（2）本届业主委员会所有决定、决议和会议记录、管理规约、业主大会议事规则；（3）本届业主委员会与物业公司之间的《物业服务合同》和共有部分的使用及收益情况；（4）小区停车费收支分配和车位处分情况；（5）本届业主委员会任期内的各年度财务收支账目、收支凭证。

法院认为，根据《建筑物区分所有权司法解释》第13条之规定，“业主作为建筑物区分所有权人，享有知情权，享有了解本小区建筑区划内涉及业主共有权及共同管理权等相关事项的权利，业主委员会应全面、合理公开其掌握的情况和资料。”然而，法院强调“对于业主行使知情权，亦应有正当事由，不能滥用权利”。“本案中被告对原告的诉求表示愿意协助、配合原告查阅诉请中的材料，且被告也曾对相关材料进行过张贴，现原告坚持诉请，要求被告将2014年1月1日至2019年10月31日期间被告处的所有材料均张贴在小区公告栏上，不符合情理，根据《民法总则》第9条，也有违经济原则。原告如对被告的具体某项工作方法或规定存在异议，可以通过合理途径进行解决。故本院对原告的全部诉讼请求，不予支持。”

【案例点评】

绿色原则规范解释司法适用中的利益平衡以绿色原则导入后存在双方利益失衡为前提，若不存在利益失衡则没有利益平衡的必要。三个典型案例中，法院均适用绿色原则限制了原告或上诉人的权利。具体而言，在案例1中，绿色原则的适用限制了原告排除妨害请求权的实现方式，法院驳回了原告提出的“砍伐案涉树木”的方式，判决“将案涉树木搬离梁某某的用地红线范围”。在案例2和案例3中，法院则适用绿色原则限制以大面积信息公示方式保护业主知情权。尽管如此，案例中的法院均没有进行利益平衡，这是因为不存在利益失衡的情形，下面具体分析之。

根据案例1中法院引用的原《物权法》第35条（《民法典》第236条），物权权利人实现排除妨害请求权有多种方式，“将案涉树木搬离梁某某的用地红线范围”对案例1中原告的权益不产生实际影响，没有证据表明原告需要为树木移植付出额外的费用、失去可预期的利益或产生其他损失。而在案例2和案例3中，根据《建筑物区分所有权司法解释》第13条，建筑物区分所有权人的知情权本来就可通过公布或查阅的方式来实现。基于二审法院所引用的绿色原则，案例2中上诉人公布相关资料的请求被驳回，或是因为上诉人已查阅相关内容，或是被上诉人已公布所涉资料，或是根据资料性质，相关资料的公开适合查阅而非公布的方式（比如收支明细的具体凭证），由此上诉人的知情权并没有受到实际影响。案例3中的法院也是在“被告对原告的诉求表示愿意协助、配合原告查阅诉请中的材料，且被告也曾对相关材料进行过张贴，现原告坚持诉请”的情况下，判决驳回原告“在小区公告栏里公布”相关信息的请求。

由此，虽然在上述三个案例中，法院引入绿色原则对当事人均造成了一定影响，然而，并非任何可能的影响均可被视为利益失衡，进而构成开启利益平衡的理由。只有当这种影响成为现实时，法院才需考虑利益平衡。上述三个案例的当事人的法律权益没有受到现实影响，因此没有利益平衡的需要，故三个案例的法院未进行利益平衡。

案例编号1：LYGS/2019/005

案例编号2：LYGS/2020/007

案例编号3：LYGS/2019/007

案例编辑人：康杨洁羽、竺效

3.1.3 应予利益平衡

【知识点解读】

绿色原则作为民法基本原则，使保护环境、节约资源成为民法体系的新增价值导向，承载了各方对环境公共利益得到维护的期待。正如本书第二章所介绍，法官在个案中引入绿色原则时必须进行价值衡量，在确保环境公共利益的优先性后方能将绿色原则作为裁判依据。此时，当事主体可能会因绿色原则的导入而面临利益失衡的状况。这就要求司法实务人员在绿色原则规范解释适用中，必须具备开展利益平衡的意识，尽可能减少绿色原则引入后的利益失衡，使绿色原则的适用得到更多的接受和认可。应予利益平衡，就是指在具体的案件中，法院应进行利益平衡而未进行，导致当事人的利益受到限制后未能得到应有的利益补偿的情形。

【典型案例】

S省某军分区与某商贸有限公司恢复原状纠纷案①

S省某军分区（以下简称“原告”）公开竞价招租军分区某招待所项目，某商贸有限公司（以下简称“被告”）中标，原告与被告于2014年7月1日签订《军队房地产租赁合同》，并于同日将军分区某招待所所涉房产、场地交付给被告。被告作为某招待所项目承租人与某招待所门面原有17户承租户分别签订了《某招待所门市租赁合同》。2014年9月，被告向原告出具《拆除报告》和《承诺书》，承诺重建返还某招待所房屋。原告因此于2015年3月29日向其颁发施工许可证。由于被告长期未完成某招待所重建工作，原告遂起诉至法院，请求法院判令被告恢复某军分区某招待所场地及设施原状并返还。

法院认为，被告向原告出具《拆除报告》和《承诺书》，承诺重建返还某招待所房屋，原告于2015年3月29日向其颁发了施工许可证，被告翻建某招待所房屋取得了原告的同意。被告翻建工程因故未完工，已经造成损失。2016年2月，中央军委下发《关于军队和武警部队全面停止有偿服务活动的通知》，某招待所房屋继续重建将造成更大的损失，重建已无意义。恢复某招待所原状会浪费资源，增加损失，不符合民事主体从事民事活动应当有利于节约资源的原则，判决驳回原告中国人民解放军S省某军分区的诉讼请求。

---

① 四川省康定市人民法院（2018）川3321民初12号民事判决书.

【案例点评】

首先要说明的是，本案中法院在裁判时直接引用了绿色原则，而未引用具体民事规范，涉嫌“向一般条款（原则）逃逸”，不符合一般司法裁判规则。另外就案件事实来分析，本案中合同无效后被告的占有实际为无权占有，应向原告返还原物。但是，法院以绿色原则否定了原告的返还原物请求权，实际构成对原《物权法》第34条（《民法典》第235条）的个案性重新解释。重新解释予以适用裁判后，原告的权利受到绿色原则的限制，而其受限制的民事权利原先是有明文法律保护的，因此，应对其受损利益进行补偿。但在本案中，法院在引入绿色原则进行权利否定时，未做利益平衡，即在驳回原告诉讼请求时未对其进行应有利益的补偿，属于本书这里所说的应予利益平衡而未平衡的情形。

案例编号：LYGS/2018/001

案例编辑人：竺效、黄露莹

3.1.4 利益平衡的违法性考量

【知识点解读】

法官在引用绿色原则后进行利益平衡时，必须对法律关系各方主体的行为进行全面分析，相互比较权衡，以周全考虑，尤其是民事行为的合法性。若权利受限主体行为本身即存在违法因素，则在利益平衡时应将此纳入考量范畴，作为确定利益平衡方法和程度的重要参考。

【典型案例】

周某与戴某某侵权责任纠纷案①

戴某某（以下简称“原告”）与周某（以下简称“被告”）的父亲于1998年7月27日离婚，法院判决原告分得房屋靠西头一间。原告称：“离婚后，除在1999年回来该间房屋居住过不到一年时间外，其余时间均在外

---

① 湖南省湘潭市中级人民法院（2020）湘03民终937号民事判决书.

租房居住，自己那间房子被被告以200元/月租出去了，租金被被告外婆收走。”2014年及2015年期间，原告曾多次持有从法院调取的离婚判决书要求被告归还房屋，但均未果。2018年10月15日，被告对涉案平房进行改建、拆除、修缮（包含拆墙、扩建、升层等）。事后，包含原告房屋在内的三间平房经整体加层扩建、装修，由三间平房扩建成了一整栋楼房（原告房屋尚存在）。房屋改建后，被告就原告涉案房屋价值及装修价值事项，委托第三方价格评估机构进行房屋价格评估。之后，原告得知其房屋被装修加建后，经与被告协商未果，遂诉至法院请求，请求判令被告立即停止侵害，返还房屋及房屋钥匙；支付占有原告房屋的所收租金；立即将原告所属房屋的楼上“违建”部分拆除。被告提起反诉，请求法院判令被反诉人即原告支付反诉人无因管理房屋的装修费用共计50 142元，支付房屋评估费1 000元等。

一审法院认为，被告未经原告同意占用原告房屋并进行装修，未经允许在原告房屋上私自加层扩建，严重侵害了原告权益，现原告提出的“要求被告立即将原告所属房屋的楼上违建部分拆除”等请求符合物权法有关规定。最终一审法院判决被告返还原告所有房屋的钥匙，将在原告房屋上加盖的建筑拆除，支付原告的租金损失等。同时判决被告的行为不构成无因管理，驳回被告反诉请求。

一审判决作出后，被告提起上诉。二审法院对一审法院作出的返还房屋钥匙、支付租金等判决予以维持。但针对拆除加盖建筑判决，二审法院认为，因加建房屋已成事实，且该加建房屋并未被相关政府部门认定为“违章建筑”，根据绿色原则，撤销了一审法院作出的拆除该加建房屋的判决，其余均维持原判。

【案例点评】

本案中，一审法院以原《物权法》第35条（《民法典》第236条）为依据，支持了原告的排除妨害请求，判令被告将涉案房屋返还原告，并将加盖建筑拆除。针对此项判决，二审法院依据绿色原则予以改判，撤销了一审法院拆除加盖建筑的判决。但是，二审法院在纠正一审裁判时未进行利益平衡。在本案中，法院判令被告将涉案房屋返还原告，被告在前期对房屋加建、管理付出了较多成本，直接将涉案房屋完全返还原告必然面临利益失衡的状况。事实上，二审法院可以明确阐释考量到上诉人周某存在违法侵占被上诉人戴某某房屋的过错，虽然加盖房屋形成“添附”后已无分离可能，但该利益失衡是加害人本人的违法行为造成，且受害人的房屋在诉讼之前已有一段时间被加害人非法无偿占用，故综合考量后原告无须予以补偿。

案例编号：LYGS/2020/006

案例编辑人：竺效、黄露莹

3.1.5 利益平衡应适当

【知识点解读】

利益平衡适当，是指法院在具体案件中引用绿色原则后对失衡利益进行平衡时，应结合案情采取恰当的利益平衡方法，以确保利益平衡的整体得当。

【典型案例】

汪某某诉钟某、第三人黄某、李某某、C市某地产经纪有限公司侵权责任纠纷案①

2009年12月17日，汪某某（原告）全款购买了C市邮政局单位集资房，并于2011年取得《国有土地使用证》《房屋所有权证》。购买后，房屋（601）呈毛坯房状态空置。2016年12月16日，黄某委托李某某作为卖房的代理人。2017年3月3日，钟某（被告）与第三人某公司及黄某（代理人李某某）签订了《房屋买卖（居间）合同》。2017年3月22日，钟某与黄某（代理人李某某）签订了《C市存量房买卖合同》，约定购买黄某所有的房屋（603）。其后，钟某按照约定交付了定金，办理了按揭贷款。黄某（代理人李某某）向钟某交付了房屋钥匙。2017年9月，

① 湖南省常德市武陵区人民法院（2018）湘0702民初1134号民事判决书.

被告入住系争房屋。2018年3月15日，汪某某前往601号房屋查看时发现钟某一家居住在房屋内，遂向法院起诉请求被告归还房屋，将水、电、燃气、网络、电视、物业等费用结清，并过户或销户；支付占用期间的房屋使用费等。

法院认为，汪某某系房屋的所有人，钟某依法应当将该房屋返还，配合完成交接。但房屋已经被装修，装修后的财物与房屋已经混合，如果将其分离拆毁，势必将造成资源的浪费，从经济、环保和物的合理、有效利用的角度考虑，不宜将该房屋恢复原状。依据《物权法》第243条的规定："不动产或者动产被占有人占有的，权利人可以请求返还原物及其孳息，但应当支付善意占有人因维护该不动产或者动产支出的必要费用。"现原告要求被告支付占用期间的房屋使用费，可以视为该房屋的孳息，但考虑到原告还应当支付被告因维护该房屋支出的必要费用，相互抵销后，法院认为被告不必支付占用期间的房屋使用费，原告也不必支付被告因维护该房屋支出的必要费用。

【案例点评】

本案中，被告钟某的行为构成了对原告汪某某房屋的无权占有，应当将房屋返还原告。但是，法院以绿色原则限制了原告的恢复原状请求权，认为已有装修无须拆除，应一并归属原告。对于由此导致的当事双方间的利益失衡，法院考虑到被告是因第三人原因导致错误入住原告的房屋并装修，属于善意占有，且为维护涉案房屋支付了必要费用。因此，对原告提出的要求被告支付房屋使用费的请求，法院认为，此费用可与被告本应支出的房屋使用费相互抵销，且数量相当，故原被告双方都无须再另行支付给对方费用。本案中，法院实际上采取了相互抵销的利益平衡方法，做到了利益平衡的适当。

案例编号：LYGS/2018/005

案例编辑人：竺效、黄露莹

3.1.6 利益平衡应充分

【知识点解读】

法院在引用绿色原则后进行利益平衡时，应尽可能完整地填补当事主体的受损利益。当然，具体受损利益的度量应基于客观行为等事实、考虑各方主观过错等“贡献度”因素，以科学合理的计算（方法）为依据，而不能完全依照当事主体的请求。

【典型案例1】

C市蔬菜技术推广站与C市某月季生态产业发展有限公司租赁合同纠纷案①

2016年12月，C市蔬菜技术推广站（以下简称“原告”）通过竞争性谈判的方式就蔬菜园区的租赁对外进行招标，2016年12月27日，原告确定被告某公司为该项目的中标人。2017年1月15日原告（甲方）与被告（乙方）签订《合同书》，合同约定：原告向被告出租面积89.70亩左右的蔬菜示范园区，期限为2017年1月15日至2019年12月31日；甲方责任为督导合同的合理运行，为乙方提供生产、生活所必需的条件（指提供水源、电源、道路畅通等）；乙方责任为确保土地经营主要用于蔬菜作物种植，允许少量其他农作物种植，蔬菜种植面积不得少于总面积的75%。2018年5月16日，原、被告签订《〈土地租赁合同书〉的补充协议》，约定将租赁期限修改为2017年5月31日起至2020年5月30日止，原合同的其他部分继续有效。2018年6月11日，因被告未能按合同约定使蔬菜种植面积达到75%，原告向被告送达《终止协议通知书》，通知被告解除租赁协议，要求被告于2018年7月11日前拆除自行建造的生产辅助设施和迁移地上种植作物，将协议项下的全部土地及附属物腾退完毕交付原告，并赔偿经济损失。后原告多次催促被告均未响应，遂起诉至法院，请求法院判决解除合同并判令被告腾退土地。

① 河北省沧州市运河区人民法院（2018）冀0903民初3332号民事判决书.

法院经审理后认为，原被告双方在合同中明确约定了蔬菜种植面积不得少于总面积的 75%，而事实上被告在租赁土地上的蔬菜种植面积确实未达 75%，合同根本目的未能实现。加之原告亦存在根本违约行为，故案涉租赁合同应予解除，被告应腾退土地。但是，考虑到被告在案涉土地上主要种植的是花木，为顺应自然规律、节约资源，法院酌定被告于 2019 年 4 月 1 日前将案涉租赁土地上种植的植物移除。另外，被告应于案涉租赁土地腾退完毕后 10 日内向原告支付租金，时间为 2018 年 5 月 31 日起至实际腾退完毕之日，标准为 121 280 元/年。

【案例点评】

本案中，法院以绿色原则合理推迟了合同解除后被告腾退土地的时间，构成对原告权利的限制，实际上造成了原告的利益损失。为了平衡双方利益，弥补原告因权利推迟所遭受的损失，法院判令被告以 121 280 元/年的标准支付 2018 年 5 月 31 日起至土地腾退完毕的租金，该标准的确定经过了原被告双方的充分协商，较充分地弥补了原告的利益损失，符合利益平衡应充分的要求。

案例编号：LYGS/2018/002

案例编辑人：竺效、黄露莹

【典型案例 2】

T 市某村民委员会与郑某某土地承包经营权合同纠纷案[①]

2003 年 3 月 28 日，T 市某村民委员会（以下简称“原告”）与郑某某（以下简称“被告”）签订《土地承包协议书》，约定原告将涉案土地发包给被告；承包期限 15 年，自 2003 年 3 月 28 日起至 2018 年 3 月 28 日止；承包费每亩每年 80 元，共计 173 940 元，于合同签订当日一次性交清。协议第 5 条约定：“承包期满后，乙方不得以任何借口拒绝归还经营权。承包期满后，恢复承包地原貌。”第 6 条约定：“承包期间，乙方在地块上投入的固定资产归乙方所有，期满后自行拆除或由甲方适当作价。”2018 年 3 月 28

① 河北省唐山市丰润区人民法院（2020）冀 0208 民初 1420 号民事判决书.

日承包期满后，被告未归还原告土地、未将涉案土地恢复原状，且原、被告经过磋商未就延包事宜达成一致。原告遂向法院起诉，请求判令被告立即返还原告土地，将涉案 144.95 亩土地恢复原状，并赔偿自 2018 年 3 月 29 日起至案涉土地返还之日止的损失。

法院经审理后认为，原、被告所签土地承包协议合法有效，双方均应全面履行。但是，案涉土地上的林木已经形成规模，具有气候、环保等社会效益，应予必要的保护，在未成材之前不宜采伐，因此对原告的恢复土地原状的诉讼请求不予支持，涉案林木可待相关裁判文书生效、原告重新发包后另行解决。另外，原、被告在法院主持的调解中达成了 350 元/亩/年的承包价协议，被告同意按照此价格赔偿原告自 2018 年 3 月 29 日至实际返还之日的占地损失。

【案例点评】

本案中，被告在合同到期后未依约返还土地，构成违约，本应承担违约责任。但是，被告在案涉土地上种植的林木具有较大的环境价值，不宜在未成材时采伐。故此，法院以绿色原则限制了原告在合同到期后要求返还原物的权利，延长了原告权利实现的时间。鉴于原告因此受有经济损失，为充分平衡原告因环境公共利益维护、民事权利受限所遭受的利益减损，在法院主持下，原被告双方将合同约定的每年每亩 80 元的承包费标准提高到 350 元，以此作为超过合同期的林木成材前被告占用原告土地的补偿，实现了相对充分的利益平衡。

案例编号：LYGS/2020/004

案例编辑人：竺效、黄露莹

【典型案例 3】

中国电信股份有限公司某分公司与中国移动通信集团某分公司侵权责任纠纷案[①]

自 2014 年起，中国电信股份有限公司某分公司（以下简称“原告”）

① 湖北省蕲春县人民法院（2018）鄂 1126 民初 669 号民事判决书.

与中国移动通信集团某分公司（以下简称“被告”）因电信基础设施共建共享的具体实施范围等发生纠纷。2016年4月17日，原告函告被告，其在通信杆线安全环境检查中发现，被告在未经其授权同意的情况下私自搭挂其通信杆路共计29.15公里，要求被告拆除私自搭挂的线路，并支付自2010年至2016年的搭挂费用332 310元。被告于2016年4月25日复函，认可搭挂的路段但认为搭挂距离不符，同时称原告亦存在私自搭挂其杆路28.45公里、管道3.6公里，建议双方协商完成共享资源的清理和费用结算。但此后，双方未能就前述事项达成一致意见，原告遂于2018年2月26日诉至法院，请求判令被告停止对原告通信线路的侵害并赔偿经济损失。

法院经审理后认为，被告的行为已构成对原告物权的侵害，应承担侵权责任。但是，因原告未举证被告搭挂行为存在现实及技术上不可消除的安全隐患，依据绿色原则，不宜要求被告以拆除的方式承担侵权责任，赔偿损失是更加符合绿色原则的选择。最终，法院判决被告赔偿原告经济损失157 193元。

【案例点评】

本案中，被告的私自搭挂行为构成了对原告物权的侵犯，应当承担民事责任。但是在承担责任方式的选择上，为实现物尽其用、节约资源，法院依据绿色原则驳回了原告排除物权妨害的诉讼请求，要求被告以赔偿原告损失的方式承担责任。但是在具体损失数额的计算上，法院判决存在不当之处：第一，将原告主张权利之日作为计算具体损失的起始时间，未能充分弥补原告损失；第二，法院判决中的赔偿损失所针对的是过去已造成的侵害，对未来原告需继续容忍被告妨害其物权的利益受损却未予以平衡。综合来看，本案中，法院在适用绿色原则后未能平衡双方利益，属于典型的利益平衡不充分。

案例编号：LYGS/2018/004

案例编辑人：竺效、黄露莹

3.1.7 利益平衡应避免判非所请

【知识点解读】

适用绿色原则后，法院进行利益平衡时，根据具体案情，如不属于原告的诉请范围的，应当向当事人进行释明，就利益平衡事项征得当事人同意，或由当事人变更诉讼请求，或允许当事人另案再行诉请，而不能径行裁判，否则将侵犯当事人的处分权，违反不告不理原则，构成程序上的瑕疵。

【典型案例】

余某某诉马某某石磨宅基地使用权纠纷案①

余某某（以下简称“原告”）的丈夫（已故）、马某某（以下简称“被告”）的父亲、被告的叔父（已故）三人系兄弟关系，1973 年，三兄弟之父将其所有的老宅及房屋分成三份，分给三人，现存老宅厦房三间分给被告父亲马某甲所有。1987 年 L 县人民政府将老宅土地使用证颁发给原告丈夫及其共同居住人。2013 年被告在老宅内新建两层半三间平房。现原告以被告侵犯其宅基地使用权为由，诉至法院，请求判令被告拆除房屋。

法院认为，宅基地使用权是一项特殊的用益物权，是家庭共同共有财产，虽与家庭关系密切相连，但不是个人财产，不能继承。同时，民事主体从事民事活动应当坚持有利于节约资源的原则，被告房屋已经建成并居住多年，拆除房屋不利于节约资源，被告应按照其占用原告土地的实际面积及相关标准对原告予以补偿。法院依据《民法总则》第 9 条、《继承法》第 3 条第 2 款、《物权法》第 152 条、第 153 条、第 154 条、第 155 条、《土地管理法》第 13 条等判决被告一次性补偿原告 4 713.19 元。具体数额为：52 500 元/亩÷666.67 平方米×59.85 平方米＝4 713.19 元。对原告要求被告拆除老宅三间厦房的诉讼请求，法院认为，房屋所有权与土地使用权性质不同，被告依据家族分单继承老宅厦房三间，该三间厦房并未毁损灭失，被告对其享有所有权，不予支持。

---

① 河南省洛宁县人民法院（2017）豫 0328 民初 752 号民事判决书.

【案例点评】

本案中，法院以不符合绿色原则为由驳回了原告拆除房屋的诉讼请求，实质是以绿色原则限制了原告的排除物权妨害请求权。为了避免利益失衡，法院判决由被告对原告给予一次性补偿，做到了绿色原则司法适用中的利益平衡。但是本案中，法院的利益平衡存在程序上的瑕疵，法院在判令被告对原告进行补偿时应首先向原告进行释明，如果原告愿意在本案中变更诉请，则可以相应裁判；而不能直接判令被告补偿原告。这种超越原告诉讼请求的行为，构成了诉讼法理论上的“判非所请”，存在程序上的瑕疵。

案例编号：LYGS/2017/002

案例编辑人：竺效、黄露莹

3.2　充分说理

【知识点解读】

充分说理是指，法院在绿色原则的规范解释司法适用中，应对绿色原则导入的必要性、比例原则的考量、利益平衡的方案选择等，在裁判文书的“法院认为”等部分进行较详细的解释、说明及论证说理。法院裁判文书中的充分说理不仅有利于定分止争，而且是外界通过裁判文书监督司法公正的重要途径。从理论上分析，对引用原则解释已有民事规范的个案性特例必须展开详细的说理论证，早已上升为法理学层面上的一个共识。例如，舒国滢教授提出：“若无更强理由，不适用法律原则。”[①] 葛洪义教授主张：“若要适用法律原则，则必须经过一定的特别的理性对话程序，对法律原则的内容进行认真识别。”[②] 学者庞凌则从技术规范角度总结认为，法律原则必须在“充分说理基础上方可适用”[③]。

---

① 舒国滢. 法律原则适用中的难题何在. 苏州大学学报（哲学社会科学版），2004（6）：18-20.

② 葛洪义. 法律原则在法律推理中的地位和作用——一个比较的研究. 法学研究，2002（6）：3-14.

③ 庞凌. 法律原则的识别和适用. 法学，2004（10）：34-44.

【典型案例 1】

中国人民解放军 S 省某军分区与 S 省 G 州某装具商贸有限公司恢复原状纠纷案[①]

中国人民解放军 S 省某军分区（以下简称解放军某军分区）公开竞价招租军分区某招待所项目，S 省 G 州某装具商贸有限公司（以下简称某装具商贸公司）中标，双方于 2014 年 7 月 1 日签订《军队房地产租赁合同》，同日，军分区某招待所将所涉房产、场地交付给某装具商贸公司。某装具商贸公司作为某招待所项目承租人与某招待所门面原有 17 户承租户分别签订了《某招待所门市租赁合同》。2014 年 9 月，某装具商贸公司向解放军某军分区出具《拆除报告》和《承诺书》，承诺重建返还某招待所房屋。解放军某军分区因此于 2015 年 3 月 29 日向其颁发施工许可证，某装具商贸公司至今未完成某招待所重建工作。后解放军某军分区向法院提起诉讼，请求判令某装具商贸公司恢复解放军某军分区某招待所场地及设施原状并向原告返还。

法院认为，某装具商贸公司翻建工程因故未完工，已经造成损失。但是，2016 年 2 月，中央军委下发《关于军队和武警部队全面停止有偿服务活动的通知》，某招待所房屋继续重建将造成更大的损失，重建已无意义。但恢复某招待所原状同样会浪费资源，增加损失。解放军某军分区关于判令被告恢复解放军某军分区某招待所场地及设施原状并向原告返还的诉讼请求，不符合民事主体从事民事活动应当有利于节约资源的原则，故判决驳回解放军某军分区的诉讼请求。

【案例点评】

在本案中，案涉纠纷原本应适用原《物权法》第 34 条“无权占有不动产或者动产的，权利人可以请求返还原物”予以裁判，但法院认为某招待所房屋“继续重建将造成更大的损失，重建已无意义。恢复某招待所原状同样会浪费资源，增加损失”，根据绿色原则的要求驳回了原告要求恢复原

① 四川省康定市人民法院（2018）川 3321 民初 12 号民事判决书.

状并返还的诉讼请求。但对于绿色原则的引入及比例原则的考量，法院在说理部分缺少充分的解释说明。例如，对原告重建房屋和恢复设施原状请求权的否认，是否有利于增加节约资源这一公共利益的实现（即是否符合比例原则的适切性子原则）；除了完全否定原告的重建房屋和恢复设施原状请求权，别无其他可以实现相当节约资源价值的限制原告权利的措施（即是否符合比例原则的必要性原则）；以及，一旦个案确定某种以绿色原则导入而限制原告某种权利的措施后，该措施实施的量度应止于何处，以符合比例原则的狭义比例原则子原则要求等，显然裁判文书所展现的说理尚可更加细化和充分。

案例编号：LYGS/2018/001

案例编辑人：竺效、李政

【典型案例2】

J省Z市某别墅区业主委员会与张某某、秦某某恢复原状纠纷案[①]

张某某、秦某某系夫妻，2009年领取某别墅区7幢房屋产权证。后张某某、秦某某未经J省Z市某别墅区业主委员会（以下简称为某别墅区业委会）及其他业主同意，私自砍伐别墅区内的大树、毁坏假山。某别墅区业委会遂诉至法院，要求张某某、秦某某承担侵权责任，恢复小区公共绿化的原状。

法院经审理后认为，张某某、秦某某敲毁的假山、移走的香樟树系小区全体业主的共有财产。张某某、秦某某虽然未侵占公共绿地，但其行为未征得小区业主同意，擅自改变公用绿化景观，在公共绿地上另行建造假山、种植桂花树，客观上损毁了原有景观，属于侵权行为。目前张某某、秦某某已在案涉公共绿地上另建假山、种植了树木，且该景观改造并未破坏小区景观的整体效果。因此，某别墅区业委会要求恢复原状，即拆毁现有假山、移除现有树木，再重建原假山、重植树木的诉讼请求不仅毫无意义且浪费资源，属于无效率的权益保护，不符合绿色原则的要求。某别墅

① 江苏省张家港市人民法院（2019）苏0582民初2569号民事判决书.

区业委会完全可以秉承“利益最大化、损害最小化”的原则，采用其他符合事实需要的途径，请求更充分的赔偿或者经济补偿等替代性措施了断纠纷，达到请求保护的目的，最终法院判决驳回了某别墅区业委会的诉讼请求。

【案例点评】

在本案中，涉及绿色原则规范解释的案涉民事纠纷可能适用的民事规范是原《物权法》第 35 条：“妨害物权或者可能妨害物权的，权利人可以请求排除妨害或者消除危险。”法院首先释明张某某、秦某某的景观改造行为“并未破坏小区景观的整体效果”，再进行了冲突价值的权衡，认为恢复原状的救济措施“浪费资源”，根据绿色原则驳回了原告“无效率的权益保护”请求，并为当事人指明了更为有效的“赔偿或者经济补偿等替代性措施”。相较于同期其他类似案件的裁判文书，仅就其有关原《物权法》第 35 条与绿色原则在本案中的价值权衡的说理论证而言，说理尚属于较为充分。

案例编号：LYGS/2019/001

案例编辑人：竺效、李政

【典型案例 3】

王某某与 S 省某煤业公司、S 省 G 市某村村民委员会恢复原状纠纷案①

2007 年 12 月 15 日，王某某与 S 省 G 市某村村民委员会（以下简称某村村委会）签订了《某村荒山绿化合同书》，约定王某某承包某村村委会元山、黑山、肖尖山等 2 460 亩荒山绿化任务，承包期限为 50 年。2010 年 9 月 25 日，王某某与某村村委会在原有合同基础上又签订了《林地承包合同书》，将荒山承包期限变更为 70 年。2011 年 12 月 31 日，G 市林业局向王某某发放林权证。2015 年 3 月 10 日，S 省某煤业公司（以下简称某煤业公司）与某村村委会签订《关于某煤业公司对李家河东沟荒地排矸改造的补

① 山西省晋城市中级人民法院（2020）晋 05 民终 627 号民事判决书.

偿协议》，甲方即某煤业公司在此范围内进行排矸造地作业，造地完成后交付乙方使用。协议签订后，某煤业公司开始向某村东沟荒地排矸。2019年4月，某煤业公司与H省X市某绿化工程公司签订了绿化施工合同书，对某煤业公司已经排放的矸石进行绿化治理。某煤业公司与某村村委会签订的《关于长平公司对李家河东沟荒地排矸改造的补偿协议》中约定的排矸场地东面和南面有王某某承包的荒山，某煤业公司在排矸过程中，所排矸石的东面和南面占用了王某某所承包荒山的部分山坡。王某某遂于诉至法院，请求判令某煤业公司立即停止向其承包的荒山上倾倒煤矸石，恢复其所承包荒山原状并赔偿移除煤矸石的费用。

一审法院认为，某煤业公司为满足自身排矸需要，擅自在王某某所承包的荒山上排矸，已经对王某某合法权益造成了侵害，判决某煤业公司清除在王某某所承包某村村委会的荒山上所排放的煤矸石。一审判决作出后，双方均提起上诉。

二审法院认为，某煤业公司未经王某某同意，将煤矸石排放在王某某所承包的荒山上，侵犯了王某某所享有的承包经营权。但根据某煤业公司提供的《绿化施工合同书》显示，某煤业公司已花费98万元对排矸荒山进行了复垦绿化。现荒山上的树木已被掩埋，客观上无法恢复原状，如再投入百万余元清除煤矸石，势必要先毁坏复垦绿化的植被，不仅造成98万元投入的浪费，更是对现有绿色生态环境进行再度破坏，既不符合保护生态的绿色原则，也不符合节约、有效、合理利用资源原则。综合考虑该案实际情况，该案以保持现状为宜，不宜采用恢复原状的侵权责任承担方式。故此，二审法院认为，一审法院关于清除煤矸石的判决不当，应予纠正，同时要求某煤业公司赔偿王某某树木损失。

【案例点评】

在本案中，法院判决的关键是引用绿色原则对原《物权法》第35条“妨害物权或者可能妨害物权的，权利人可以请求排除妨害或者消除危险”进行解释。一审法院尽管意识到某煤业公司清除煤矸石的成本较高，且复垦绿化的“经济效益高于之前”，但未在利益平衡的基础上完成充分说理，仍坚持某煤业公司应当对自己的侵权行为承担恢复原状责任。而二审法院则在确认某煤业公司侵权事实的基础上，援引绿色原则条款，对现有复垦绿化的价值以及恢复原状的成本进行了综合比较，应用了比例原则的狭义比例原则考量，认为“投入百万余元清除煤矸石，势必要先毁坏复垦绿化的植被，不仅造成98万元投入的浪费，更是对现有绿色生态环境进行再度破坏”，应以“保持现状为宜”，可见，就此点的说理相对较为充分。

案例编号：LYGS/2020/003

案例编辑人：李政

【典型案例4】

G省G市某银行与H省S市某城投公司、某环保公司侵权纠纷案[①]

2011年11月25日，H省某热电有限公司（以下简称某热电公司）将原登记在其名下位于H省S市某地的土地使用权抵押给G省G市某银行（以下简称某银行），并办理了土地他项权证。2013年1月29日，经G市X区人民法院判决，某银行对上述土地使用权折价或者拍卖、变卖后所得价款享有优先受偿权。2015年12月28日G市X区人民法院裁定将上述三宗土地及地上建筑物共作价18 575 621元交付某银行抵偿债务。某银行持该裁定向S市国土资源局申请办理不动产权过户登记，S市国土资源局于2016年11月14日向某银行颁发了不动产权证书。

2016年1月28日，某热电公司与H省S市某城投公司（以下简称某城投公司）签订了《改造工程建设项目两沟、两路弃土场弃土协议》，协议约定某热电公司把原编号S市国用（2004）第D0XX8号范围内的土地交给某城投公司用作两沟、两路渣土的弃土。2018年7月30日，某热电公司和某城投公司、S市S区某片区建设协调指挥部签订了《某片区改造建设项目两路两沟临时用地协议书》。

某银行在办理案涉土地及地上房屋的不动产权登记过程中发现某城投公司占用案涉土地，在其取得不动产产权证后与某城投公司和H省S市某

① 湖南省邵阳市双清区人民法院（2019）湘0502民初2485号民事判决书.

环保公司（以下简称某环保公司）交涉，要求停止在案涉土地上挖掘土方的施工行为。因某城投公司和某环保公司未停止施工，某银行遂向法院提起诉讼，请求判令某城投公司和某环保公司立即停止施工行为并拆除施工设施，将施工的土地恢复原状交还原告。

法院认为，根据原《物权法》第190条“订立抵押合同前抵押财产已出租的，原租赁关系不受该抵押权的影响。抵押权设立后抵押财产出租的，该租赁关系不得对抗已登记的抵押权”，某城投公司与某热电公司的租赁关系不得对抗原告的抵押权，且原告已于2016年11月14日取得了案涉土地的使用权。因此，原告有权要求被告停止在该土地上的施工行为。但是，因被告使用案涉土地系环保公益项目，根据原《民法总则》第9条“民事主体从事民事活动，应当有利于节约资源、保护生态环境”的规定，原告行使其权利应在合理范围内。考虑到该案的实际情况，可给予被告在完成工程项目后合理的时间内从原告的土地上拆除施工设施，把土地交还给原告。结合某环保公司的陈述，工程项目可在2020年1月20日前完成。故法院判决某城投公司、某环保公司于2020年1月30日之前停止施工行为，并将该土地上的施工设施拆除，恢复原状后返还给原告某银行。

【案例点评】

在本案中，存在两个涉及绿色原则规范解释的民事纠纷争议点，其中就以绿色原则限制前序抵押权对抗为环保公益目的之后续土地租赁合同而言，裁判文书对于绿色原则导入后认可在抵押设立后签订的租赁合同为何有效的理由未予充分论证说理。针对案涉具体民事纠纷，裁判以绿色原则否定已有现存可用之民事法律规范，但就已有民事规范与绿色原则之间的价值冲突，个案选择绿色原则所指向的价值之必要性，也未能进行充分说理，不符合充分说理的要求。

案例编号：LYGS/2019/004

案例编辑人：竺效、李政

3.3 规范双引

【知识点解读】

规范双引，是指在以绿色原则重新解释原有民事规范裁判案件的审理中，法院裁判必须在“综上所述，依照……”等语词引导的判词部分与裁判文书前面的说理论证部分进行呼应，必须至少同时援引绿色原则条款及其通过规范解释所解释的那个具体法律规范条款，最终得出具体裁判事项。并且，不仅单引绿色原则条款不是规范的判决形式，哪怕准确指明并援引了具体民事规范条款却不同时引用绿色原则条款也是不正确的。规范双引的要求若能满足，不仅形式上前后呼应，而且体现了绿色原则规范解释路径的特点——以绿色原则对某一个民事规范予以重新解释。

【典型案例 1】

王某、王某某与徐某甲、张某某、徐某乙、B市某房地产经纪公司物权保护纠纷案[①]

2014 年 3 月 12 日，被告徐某甲作为发包方，与 B 市某创意装饰设计有限公司签订了《B 市家庭居室装饰装修工程施工合同》，对诉争房屋进行了装修。2018 年 5 月 31 日，被告张某某作为委托方，与第三人 B 市某房地产经纪公司签订《房屋托管授权委托书》和《房屋出租全程委托代理合同》，约定委托第三人全权代表其办理诉争房屋的出租事宜。2019 年 5 月 15 日，原告王某、王某某通过继承享有诉争房屋的相关权益，后二原告诉至法院，要求被告徐某甲、张某某、徐某乙腾退并交付诉争房屋。

法院认为，案涉房屋最初交付三被告时为毛坯状态，现二原告要求三被告仍向其交付毛坯状态的房屋，该项主张不符合民事活动应有利于节约资源的原则，不予支持，并依据原《民法总则》第 9 条、原《物权法》第 28 条、第 34 条、第 35 条之规定作出驳回原告诉讼请求的判决。

① 北京市朝阳区人民法院（2019）京 0105 民初 85298 号民事判决书.

【典型案例2】

中国电信某分公司与中国移动某分公司侵权责任纠纷案[①]

2016年4月17日，原告中国电信某分公司函告被告中国移动某分公司，称其在通信杆线安全环境检查中发现，被告在未经其授权同意的情况下，私自搭挂其通信杆路共计29.15公里。被告于2016年4月25日复函，认可搭挂的路段但认为搭挂距离不符，同时称原告亦存在未通报并经许可私自搭挂其杆路28.45公里、管道3.6公里，建议双方完成共享资源的清理和费用结算。此后，双方对私自搭挂行为的处理及涉及资源共享的清理认定等仍未达成一致意见。2018年2月26日，原告向法院提起侵权之诉，要求被告拆除私自搭挂的线路。

法院认为，该案被告经许可私自搭挂使用原告的杆路，且在接到原告的函告后仍未消除其侵权行为，已构成对原告的物权侵害，应当承担民事侵权责任。因原告未举证被告搭挂行为存在现实及技术上不可消除的安全隐患，依据原《民法总则》第9条的规定，被告承担本案的侵权责任方式不宜适用排除（拆除）妨碍以停止侵害，应以被告承担赔偿损失的方式从而实现对物权的保护。最终，法院依照原《民法总则》第9条，原《物权法》第35条、第37条等法律条款的规定，作出了判决。

【典型案例3】

孙某某与秦某某房屋租赁合同纠纷案[②]

2018年5月20日，原告孙某某与被告秦某某签订《商铺租赁合同》，约定孙某某将其位于××商业广场40－11号的两层商铺出租给秦某某，租期为2018年5月21至2021年6月21日。合同同时约定如拖欠租金超出约定交纳日期半个月，出租方有权收回房屋，任何损失由承租方自行承担。租赁期满或合同解除，承租方必须按时将租赁房屋内的全部无损坏设备、设施在适宜使用的清洁、良好状况下交给出租方等内容。被告承租争议商

---

① 湖北省蕲春县人民法院（2018）鄂1126民初669号民事判决书．

② 江苏省无锡市惠山区人民法院（2019）苏0206民初4612号民事判决书．

铺后，按约支付了前两期的租金，并对争议商铺进行架设楼梯、隔间及装修。为了安装空调，被告在楼顶打洞。2019 年 6 月 5 日，原告出具《租赁关系解除通知》，载明被告在屋顶打洞未通知原告，不续租房屋也不搬走，未交纳租金及违约金，决定于2019 年 6 月 5 日解除与被告的租赁关系，收回房屋并追索损失。2019 年 6 月 20 日，被告将空调拆除并对楼顶打的洞进行修补，并以微信聊天方式告知原告。但被告未拆除楼梯、隔间及装修，未清理遗留垃圾。2019 年 7 月 8 日，原告诉至法院，请求判令被告拆除争议商铺处的广告牌、一二层的屋顶吊顶、屋内楼梯、一层屋内隔间、一二层地面及墙面的瓷砖及装饰、二楼屋内厕所、二楼地面上地板、墙面装饰、二楼隔间。

法院认为，按照双方的微信聊天记录内容，双方已在2019 年 4 月 22 日协商一致于2019 年 5 月 21 日解除合同，当事人可以要求恢复原状、采取其他补救措施、并有权要求赔偿损失。但原告要求清理的项目中，主张拆除争议商铺处的一二层的屋顶吊顶、屋内楼梯、一层屋内隔间、一二层地面及墙面瓷砖、二楼屋内厕所、二楼地板、二楼隔间的请求，不符合资源节约及环保原则，法院不予支持。最终，法院依照原《民法总则》第 9 条、原《合同法》第 97 条等法律条款作出了判决。

【典型案例 4】

S 省 X 市某超市与 S 省 X 市某体育俱乐部租赁合同纠纷案①

2017 年 12 月 5 日，原告S 省X 市某超市作为甲方与被告S 省X 市某体育俱乐部作为乙方签订《场地租赁合同》，约定乙方租赁甲方位于 X 市实用面积为 2 030 平方米的场地用于经营健身房。2019 年 8 月 26 日，被告向原告发出解除《场地租赁合同》通知书，通知书载明，因经营过程中面临暂时性困难，欠付原告 1 个月场地租赁费，原告即于 2019 年 8 月 20 日对涉案门店采取了断水断电措施，导致无法正常经营。后原被告均认可租赁合同于 2019 年 8 月 31 日解除，合同解除后，双方产生纠纷，原告诉至法院，要求依据合同约定将场地恢复至可重新出租状态。

---

① 陕西省西安市新城区人民法院（2020）陕 0102 民初 1559 号民事判决书.

法院认为，原《合同法》第235条规定："租赁期间届满，承租人应当返还租赁物。返还的租赁物应当符合按照约定或者租赁物的性质使用后的状态。"原被告合同约定租赁期满或合同提前终止时，乙方应将租赁区域恢复至提供给乙方时的状况并交还甲方。本案中，原告以毛坯状态将场地出租于被告，但被告经原告同意对租赁场地进行装修装饰，原告根据添附基本原则取得了附合的装饰装修物的所有权，对于该物如何处分，均应由原告决定。被告返还的场地符合其正常使用收益后合理损耗的状态即可，不必恢复原状。即使双方有恢复原状的约定，因违背绿色原则，该约定条款应属无效，故原告要求被告将场地恢复至毛坯状态，法院依法不予支持。最终，法院依据原《民法总则》第9条、原《合同法》第235条、《城镇房屋租赁合同司法解释》第10条等法律条款和司法解释条款的规定，作出了判决。

【案例点评】

上述四个案例，法院在判决中都至少同时援引了绿色原则条款及其通过规范解释所解释的那个具体法律规范条款，得出具体裁判事项，从而在形式上满足了绿色原则规范解释司法适用中"规范双引"的要求，具有较好的示范效果。4个案例中，法院都无一例外地援引了原《民法总则》第9条的规定。而每个案件所援引的绿色原则条款所解释的具体法律规范条款却不尽相同。例如，案例1、案例2中，引入绿色原则重新解释的核心民事法律规范是原《物权法》第35条；案例3则是原《合同法》第97条；而案例4中与绿色原则相冲突的核心民事法律规范原《合同法》第235条在该案被个案性地重新予以了解释，但这些绿色原则重新解释所指向的民事规范均在裁判文书的判词部分被与绿色原则条款一并援引了，值得肯定。

案例1编号：LYGS/2019/002
案例2编号：LYGS/2018/004
案例3编号：LYGS/2019/009
案例4编号：LYGS/2020/008
案例编辑人：钱昊、竺效

附录：典型案例信息索引表

案例编号	典型案例信息来源	页码
LYGS/2017/001	山西省石楼县人民法院（2017）晋 1126 民初 188 号民事判决书	7
LYGS/2017/002	河南省洛宁县人民法院（2017）豫 0328 民初 752 号民事判决书	80
LYGS/2017/003	江苏省无锡市滨湖区人民法院（2017）苏 0211 民初 6406 号民事判决书	41、63
LYGS/2017/004	山东省单县人民法院（2017）鲁 1722 民初 4794 号民事判决书	20、47
LYGS/2018/001	四川省康定市人民法院（2018）川 3321 民初 12 号民事判决书	71、82
LYGS/2018/002	河北省沧州市运河区人民法院（2018）冀 0903 民初 3332 号民事判决书	24、43、76
LYGS/2018/003	北京市延庆区人民法院（2018）京 0119 民初 5651 号民事判决书	45
LYGS/2018/004	湖北省蕲春县人民法院（2018）鄂 1126 民初 669 号民事判决书	78、89
LYGS/2018/005	湖南省常德市武陵区人民法院（2018）湘 0702 民初 1134 号民事判决书	51、74
LYGS/2018/006	内蒙古自治区呼伦贝尔市海拉尔区人民法院（2018）内 0702 民初 1343 号民事判决书	62
LYGS/2018/007	天津市河西区人民法院（2018）津 0103 民初 6946 号民事判决书	16
LYGS/2018/008	海南省海口市中级人民法院（2018）琼 01 民终 330 号民事判决书	5
LYGS/2019/001	江苏省张家港市人民法院（2019）苏 0582 民初 2569 号民事判决书	83
LYGS/2019/002	北京市朝阳区人民法院（2019）京 0105 民初 85298 号民事判决书	88
LYGS/2019/003	江苏省句容市人民法院（2019）苏 1183 民初 5641 号民事判决书	18
LYGS/2019/004	湖南省邵阳市双清区人民法院（2019）湘 0502 民初 2485 号民事判决书	34、86

续表

案例编号	典型案例信息来源	页码
LYGS/2019/005	广东省中山市第一人民法院（2019）粤 2071 民初 6555 号民事判决书	57、66
LYGS/2019/006	云南省开远市人民法院（2019）云 2502 民初 1375 号民事判决书	61
LYGS/2019/007	上海市杨浦区人民法院（2019）沪 0110 民初 21189 号民事判决书	30、68
LYGS/2019/008	广东省广州市中级人民法院（2019）粤 01 民终 14489 号民事判决书	27
LYGS/2019/009	江苏省无锡市惠山区人民法院（2019）苏 0206 民初 4612 号民事判决书	89
LYGS/2019/010	四川省兴文县人民法院（2019）川 1528 民初 618 号民事判决书	14、25
LYGS/2019/011	江苏省南京市六合区人民法院（2019）苏 0116 民初 5324 号民事判决书	53
LYGS/2019/012	广西壮族自治区来宾市中级人民法院（2019）桂 13 民终 611 号民事判决书	37、54
LYGS/2019/013	湖北省武汉市武昌区人民法院（2019）鄂 0106 民初 10882 号民事判决书	11
LYGS/2020/001	广东省佛山市三水区人民法院（2020）粤 0607 民初 2622 号民事判决书	60
LYGS/2020/002	河北省张家口市中级人民法院（2020）冀 07 民终 1533 号民事判决书	29
LYGS/2020/003	山西省晋城市中级人民法院（2020）晋 05 民终 627 号民事判决书	22、31、84
LYGS/2020/004	河北省唐山市丰润区人民法院（2020）冀 0208 民初 1420 号民事判决书	35、77
LYGS/2020/005	贵州省黔东南苗族侗族自治州中级人民法院（2020）黔 26 民终 2722 号民事判决书	49
LYGS/2020/006	湖南省湘潭市中级人民法院（2020）湘 03 民终 937 号民事判决书	72
LYGS/2020/007	四川省成都市中级人民法院（2020）川 01 民终 5371 号民事判决书	67
LYGS/2020/008	陕西省西安市新城区人民法院（2020）陕 0102 民初 1559 号民事判决书	90

续表

案例编号	典型案例信息来源	页码
LYGS/2020/009	广西壮族自治区全州县人民法院（2020）桂 0324 民初 1493 号民事判决书	4
LYGS/2020/010	陕西省定边县人民法院（2020）陕 0825 民初 6535 号民事判决书	8、17
LYGS/2020/011	山东省临沂市河东区人民法院（2020）鲁 1312 民初 213 号民事判决书	10
LYGS/2020/012	山西省高级人民法院（2020）晋民终 57 号民事判决书	39

图书在版编目（CIP）数据

绿色原则规范解释实案释法/竺效主编. --北京：中国人民大学出版社，2022.3

法律职业通用案例教材/王轶总主编

ISBN 978-7-300-30368-0

Ⅰ.①绿… Ⅱ.①竺… Ⅲ.①环境保护法-法律解释-中国-教材 Ⅳ.①D922.685

中国版本图书馆 CIP 数据核字（2022）第 033073 号

法律职业通用案例教材

总主编 王 轶

绿色原则规范解释实案释法

主 编 竺 效

副主编 吴 昂

Lüse Yuanze Guifan Jieshi Shi'an Shifa

出版发行	中国人民大学出版社		
社　　址	北京中关村大街 31 号	**邮政编码**	100080
电　　话	010－62511242（总编室）		010－62511770（质管部）
	010－82501766（邮购部）		010－62514148（门市部）
	010－62515195（发行公司）		010－62515275（盗版举报）
网　　址	http://www.crup.com.cn		
经　　销	新华书店		
印　　刷	唐山玺诚印务有限公司		
规　　格	170 mm×228 mm　16 开本	**版　　次**	2022 年 3 月第 1 版
印　　张	7.5 插页 1	**印　　次**	2022 年 3 月第 1 次印刷
字　　数	101 000	**定　　价**	45.00 元

《　　　　　　》※任课教师调查问卷

为了能更好地为您提供优秀的教材及良好的服务，也为了进一步提高我社法学教材出版的质量，希望您能协助我们完成本次小问卷，完成后您可以在我社网站中选择与您教学相关的1本教材作为今后的备选教材，我们会及时为您邮寄送达！如果您不方便邮寄，也可以申请加入我社的**法学教师 QQ 群：83961183（申请时请注明法学教师）**，然后下载本问卷填写，并发往我们指定的邮箱（cruplaw@163.com）。

邮寄地址：北京市海淀区中关村大街31号中国人民大学出版社806室收

邮　　编：100080

再次感谢您在百忙中抽出时间为我们填写这份调查问卷，您的举手之劳，将使我们获益匪浅！

基本信息及联系方式：※

姓名：__________ 性别：__________ 课程：____________________

任教学校：____________________ 院系（所）：________________

邮寄地址：____________________ 邮编：____________________

电话（办公）：__________ 手机：__________ 电子邮件：__________

调查问卷：※

1. 您认为图书的哪类特性对您选用教材最有影响力？（　　）（可多选，按重要性排序）

   A. 各级规划教材、获奖教材　　B. 知名作者教材

   C. 完善的配套资源　　D. 自编教材

   E. 行政命令

2. 在教材配套资源中，您最需要哪些？（　　）（可多选，按重要性排序）

   A. 电子教案　　B. 教学案例

   C. 教学视频　　D. 配套习题、模拟试卷

3. 您对于本书的评价如何？（　　）

   A. 该书目前仍符合教学要求，表现不错将继续采用

   B. 该书的配套资源需要改进，才会继续使用

   C. 该书需要在内容或实例更新再版后才能满足我的教学，才会继续使用

   D. 该书与同类教材差距很大，不准备继续采用了

4. 从您的教学出发，谈谈对本书的改进建议：____________________

____

____

选题征集：如果您有好的选题或出版需求，欢迎您联系我们：

联系人：黄　强　宁丹丽　联系电话：010-62515955/5536

索取样书：书名：______________________________

书号：______________________________

备注：※ 为必填项。